全国高等院校人工智能系列“十三五”规划教材

智能物流实验实训教程

石　彪　主　编
邓胜前　赵中平　刘利枚　副主编

中国铁道出版社有限公司
CHINA RAILWAY PUBLISHING HOUSE CO., LTD.

内 容 简 介

本实验实训教程是湖南省大学生智能物流创新训练中心和湖南省智能物流虚拟仿真实验教学中心规划编写的人工智能系列教材之一。本教程分为5章，内容包括智能物流概论、条形码与RFID实验、传感器与无线传感网实验、智能仓储实训和智慧商城实训。

本书可作为高校物流管理、物流工程和物联网工程等专业的实验实训教材。

图书在版编目（CIP）数据

智能物流实验实训教程/石彪主编. —北京：中国铁道出版社有限公司，2019. 8（2023.12重印）

全国高等院校人工智能系列“十三五”规划教材

ISBN 978-7-113-24134-6

Ⅰ.①智… Ⅱ.①石… Ⅲ.①互联网络-应用-物流-物资管理-高等学校-教材 Ⅳ.①F252

中国版本图书馆CIP数据核字(2019)第059870号

书　　名：智能物流实验实训教程
作　　者：石　彪

策　　划：周海燕　　编辑部电话：（010）51873202
责任编辑：周海燕　贾淑媛
封面设计：刘　颖
责任校对：张玉华
责任印制：樊启鹏

出版发行：中国铁道出版社有限公司（100054，北京市西城区右安门西街8号）
网　　址：http://www.tdpress.com/51eds/
印　　刷：北京铭成印刷有限公司
版　　次：2019年8月第1版　2023年12月第2次印刷
开　　本：787 mm×1 092 mm　1/16　印张：10　字数：219千
书　　号：ISBN 978-7-113-24134-6
定　　价：29.00元

前言

PREFACE

物流业是支撑国民经济和社会发展的基础性、战略性产业。随着新技术、新模式、新业态不断涌现，物流业与互联网深度融合，智能与智慧物流逐步成为推进物流业发展的新动力、新路径，也为经济结构优化升级和提质增效注入了强大动力。智能物流是指物品从供应者向需求者的智能移动过程，包括智能仓储、智能配送、智能运输、智能包装、智能装卸以及信息的智能获取、加工和处理等六项基本活动，是现代物流和现代信息技术融合的产物。智能物流的支撑技术包括物联网、移动通信、云计算、大数据和人工智能等现代信息技术。由于涉及几乎所有的物流环节，国内物流管理和物流工程类专业通常将智能物流相关的内容分散在“物流设施与设备”、“物流与交通运输”、“仓储与配送”和“物流信息管理”等课程中讲授，由于课时和授课内容限制，相关课程对智能物流内容的讲授大多浅尝辄止，没有展开、不成系统，更不会安排相应的实验和实训环节。为了改变这种状况，在湖南省大学生智能物流创新训练中心和湖南省智能物流虚拟仿真实验教学中心的帮助下，我们结合多年的教学实践，编写了这本教程。

本教程分 5 章。第 1 章系统地介绍了智能物流的概念和主要支撑技术，重点讨论了物联网、云计算、大数据和人工智能等技术在智能物流中的应用。第 2 章围绕条形码和 RFID 技术安排了 8 个实验；第 3 章围绕传感器和无线传感网安排了 9 个实验。第 4 章围绕智能仓储安排了 6 个实训单元。第 5 章围绕智慧商城安排了 7 个实训单元。

本教程由湖南省智能物流虚拟仿真实验教学中心教学团队石彪任主编，邓胜前、赵中平、刘利枚任副主编，胡伟南老师参与编写。本教程由石彪老师负责统稿。

本教程在编写过程中得到了武汉创维特信息技术公司、广州飞瑞敖电子科技有限公司、北京京胜世纪科技有限公司的鼎力支持，也得到了湖南商学院黄福华教授、徐姝教授、周敏博士、王松博士等老师的大力帮助，在此一并表示衷心的感谢。

由于编写时间紧迫，编者水平有限，书中难免有不妥之处，恳请各位读者批评指正。电子邮箱：stonebiao@163.com.

编 者

2019 年 5 月

目 录

CONTENTS

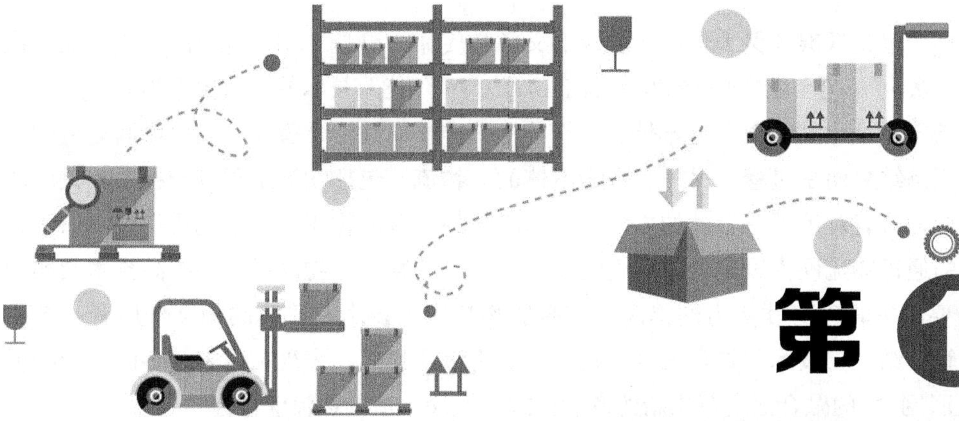

第 1 章 智能物流概论

1.1 智能物流及其技术

1.1.1 智能物流的概念

智能物流（Intelligent Logistics System）是指货物从供应者向需求者的智能移动过程，包括智能仓储、智能配送、智能运输、智能包装、智能装卸以及信息的智能获取、加工和处理等六项基本活动，是为使供方所得的利润最大、需方享受的服务最佳，同时实现自然和社会资源消耗最少、生态环境保护程度最大，而形成的完备的智能社会物流管理体系。

智能物流，“智”是核心。首先体现为“知人之智”和“自知之明”，即对整个物品流动过程中的各方需求、物品当前运输及仓储状况和物流主体各环节的能力及执行水平等诸多方面的感知；其次也体现在“运筹帷幄”，即对整个物流过程的各项决策进行优化，以及高效及时地解决过程中出现的突发问题等。“智”体现在全面、实时感知的高度信息化和超强、超快的高效决策力上。

智能物流的“能”是关键。有了“智”的信息基础和决策支持，问题的关键就落在了执行力上，“能”主要指的是自动化，体现在使各种设施的执行能力与高效快捷的决策相匹配。

智能物流的“物”是前提。物品在时间和空间中的变动，是物流存在的前提，物品出现了问题，“流”也就失去了自身的意义。随着交通工具越来越快捷，人们对物流的关注也开始从传统的“快”转移到对物品数量和质量的保障上。“物”主要体现在仓储和运输过程中对物品的保护上，需要高效的仓储管理和先进的冷链技术等提供支持。

智能物流的“流”是实现。物流最直观地表现就是物品的流动，这也是物流最核心的环节。在新的时代背景下，“流”除了传统概念“快”和“准”的要求，又多了一个“狠”字准则，也即减少对自然资源和社会资源的消耗，最大限度地保护生态环境。“狠”是成本压力下企业的自主选择，也是低碳环保大环境下企业的义务和使命，更是“流”鲜明的时代特征。这需要先进的调度系统、节能的作业机器及运输工具等“智”“能”技术提供必要保障。

“智能物流”一词中“物流”是本体，“智能”是本质属性。“智能”是手段而非目的，所以“智能”不是结果而是过程。另外，作为本体的“物流”包括物流工程等与技术相关的内容，同时也包括物流管理等关乎管理的方面，所以不能将“智能物流”简单地看作技术引进，或看成是单纯的通过物流硬件设施的升级而实现“智能”的物流。物流系统在提高技术硬实力的同时，尤其要注重管理等软实力的提高。在智能物流中，技术与管理的相互作用有一个过程，即技术与管理结合、技术与管理融合、技术与管理综合集成。表现在越来越多的传统物流企业通过 “互联网+”的融合而变革出新的商业模式，发展出新的物流业态 。

从体系结构上看，智能物流有底层的感知识别、中间层的数据传输和高层的智能信息处理，现代智能物流系统的构建就是综合运用物联网、云计算、大数据和人工智能现代信息技术。

1.1.2 云计算与智能物流

云计算（Cloud Computing）是能够通过对信息的统一组织和灵活调用各种信息和通信技术（Information Communication Technology，ICT），实现大规模计算的处理方式，最终形成共享资源池并动态地将这些信息向客户传送。云计算因其巨大的分布规模而成为因特网的超级计算方式，能够极大程度地整合物流业的数据资源、计算资源，提高物流产业的整体信息化能力和便捷性。

云计算的产生背景具有“一切皆按需服务”的理念，在物流领域中搭建云计算平台能够使地区内不同服务器中的“物流云滴”汇集融合成为“物流小云”，将一定区域的“物流小云”再整合为更大区域的“物流大云”，乃至与物流有关的其他行业的云之间形成“混合云”，从信息层面为物流业实现高度集约化、统一化、综合化打好基础。应用云计算的物流业能够增强物流信息的安全性，物流企业不用再担心物流数据丢失、病毒入侵、系统软件更新等问题。物流企业只需在PC端加载少量程序就可以在广泛的服务器中进行计算和信息服务，丰富了物流企业的计算资源。

云计算使物流信息存储容量达到数百PB，并能够实现动态扩展，其设施是由第三方提供，物流企业并不需要购买计算硬件，也无须再进行自建信息平台，因此也不需要进行系统维护等工作，大大降低了在物流信息上的投入。此外，物流行业通过云计算能够为物流客户提供更多的服务，并将当前所使用的软、硬件进行虚拟化云计算设置，可以使物流服务在虚拟化动态扩展中进行。

1.1.3 大数据与智能物流

大数据（Big Data）是指无法在一定时间范围内用常规软件工具进行捕捉、管理和处理的数据集合，是需要新处理模式才能具有更强的决策力、洞察发现力和流程优化能力的海量、高增长率和多样化的信息资产。大数据是以容量大、类型多、存取速度快、价值密度低为主要特征的数据集合。大数据技术对数量巨大、来源分散、格式多样的数据进行采集、存储和关联分析，从而从中发现新知识、创造新价值、提升新能力，大数据正快速发展成为新一代信息技术和服务业态。大数据也日益对生产、流通、分配、消费活动以及经济运行机制、社会生活方式和国家治理能力产生重要影响。

大数据已经成为众多行业重点发展和应用的新兴技术，很多物流企业已成立相应的大数据分析部门或团队，进行大数据分析、研究、应用布局。大数据是智能物流的主要支撑技术之一。现阶段，大数据技术在智能物流系统中的应用主要体现在以下几个方面：

1.需求预测

通过收集用户消费特征、商家历史销售等大数据，利用算法提前预测需求，前置仓储与运输环节。目前在行业中已经有了一些具体应用，但在预测精度上仍有很大提升空间，需要扩充数据量，优化算法。

2.设备维护预测

大数据技术和物联网结合，在设备上安装芯片，可实时监控设备运行数据，并通过大数据分析做到预先维护，增加设备使用寿命。随着机器人在物流环节的使用，这将是未来应用非常广泛的一个方向。如沃尔沃在物流车辆关键设备上安装运行数据收集芯片，可通过数据分析对物流车辆进行精准保养和故障预防。

3.供应链风险预测

通过对异常数据的收集，进行如贸易风险、不可抗因素造成的货物损坏等进行预测。

4.网络及路由规划

利用历史数据、时效、覆盖范围等构建分析模型，对仓储、运输、配送网络进行优化布局，如通过对消费者数据的分析，提前在离消费者最近的仓库进行备货。甚至可实现实时路由优化，指导车辆采用最佳路由线路进行跨城运输与同城配送。人工智能主要由电商平台推动，尚处于研发阶段，除图像识别外，其他人工智能技术距离大规模应用仍有一段时间。

1.2　物联网与智能物流

1.2.1　物联网概述

21世纪，人类社会迎来了以物联网为核心的技术革命，我们进入了物联网时代。物联网是新一代信息技术的重要部分，代表着当下及以后一定时期内信息网络的发展方向。随着中国经济社会的快速发展，物流行业对信息化及智能化的要求也越来越高，传统的物流服务已经无法适应现在的市场，物联网的出现给智能物流的发展提供了技术基础。物联网技术在智能物流领域中的应用，能够实现对物流全过程中的商品信息进行自动、快速、并行、及时、非接触式智能化处理，实现信息共享和远程控制，实现供应链和服务链的智能管理。物联网技术使物流的各个环节更加紧密，优化了物流流程，提高了物流管理能力，加快了物流智能化的进程。

物联网将更多的传统电子设备连入网络，使其拥有直接采集数据并传输到互联网的功能，而不需要在传统设备上进行数据采集和传输。一般情况下，物联网采用 RFID、GPS、激光等设备建立现实物品的信息检验和模式识别功能，并采用无线通信网络将各种现实物品连入互联网络，形成物联网，方便现实物品的数据传输和分析，并提供智能定位、识别和跟踪等功能，能够远距离获取现实物品当前的状态，并完成对现实物品的控制。物联网在智能物流中的应用主要表现在以下几个方面：

1.感知和定位功能

在传统物流行业中，物流货物的信息很难做到能够实时感知和定位，对物流货物的控制也比较困难。采用新兴的物联网技术，在物流货物上添加 RFID、红外线、GPS 和各种传感器等芯片，能够对派送的货物进行实时的数据采集，为待运输的货物提供现场实时数据，包括温度、湿度、压力、运输路径、运输状态、运输类别、运输速度等信息，传感器获得这类信息后，通过物联网传输至物流管理中心，管理中心可以进行实时数据监控，以便完成对物流货物的实时控制。

2.业务一体化功能

在物流货物传输过程中，传统物流最难解决的问题是物流企业和客户之间的业务信息交流，由于无法实时获取物流货物的实际情况，在物流企业和客户之间往往会产生误会和矛盾。如今的物联网技术通过无线网络技术，使得物流货物能够在网络平台中实现状态同步，通过网络信息共享，完成物流企业与客户之间的实时沟通和相互融合，形成物流企业的业务一体化服务。物联网的到来，使得传统物流行业不再处于信息孤立的状态，也为物流业务带来翻天覆地的变化。

3.智能信息处理

在传统物流行业中，物流货物的分配和路线确定都采用人工分析，通常需要在海量的数据中完成决策，以获得最佳分配和最佳路线，不但耗费大量的人力，而且往往由于人力所限，无法获得最优的分配和路线方案。物联网的到来，能够结合大数据分析的优势，并采用云计算平台进行数据处理，对原始大数据进行智能信息处理，能够在较短的时间范围内，获得精确的分配和路线方案。

1.2.2 物联网技术体系及应用

物联网主要技术可根据其体系架构划分为三大技术体系：一是感知技术体系；二是网络通信技术体系；三是智能技术体系。

1.智能物流中的物联网感知技术

目前在智能物流行业常用的物联网感知技术主要有RFID技术、GPS/GIS技术、传感器技术、视频识别技术、激光技术、红外技术、蓝牙技术以及视频技术等。

根据在智能物流中不同的应用范围及目的，必须针对性地采取不同的感知技术，具体分类如表1-2-1所示。

表1-2-1 感知技术的应用分类

序 号	应用范围及目的	感知技术
1	对“物”进行识别、追溯	RFID技术、条形码技术等
2	对“物”进行分类、拣选、计数	RFID技术、激光技术、红外技术、条形码技术等
3	对“物”进行定位、追踪	GPS卫星定位技术、GIS地理信息系统技术、RFID技术、车载视频技术等
4	对“物”进行监控	视频识别技术、RFID技术、GPS技术等
5	对物品，尤其是特殊物品的性能及状态进行感知与识别	传感器技术、RFID技术与GPS技术等

下面以RFID技术为例，简要阐述它在智能物流领域的应用。

RFID（Radio Frequency Identification）无线射频识别技术，是物联网最基本和目前应用最广泛的技术。在智能物流领域，RFID技术主要应用于仓库管理、配送中心管理、供应链管理、集装箱运输管理、停车场管理、货运车辆管理以及产品防伪等多个方面。

随着物联网发展力度的加大，RFID技术在智能物流领域的应用无论是在广度上还是深度上都在进一步升级，主要体现在以下方面：

①智能追溯方面。RFID的应用不断加深，特别是在医疗卫生、食品安全、动物疾病预防方面发展迅速。通过RFID技术建立智能追溯体系，实时监控药物、食品的信息以及动物的状态，以便控制其质量或健康状态。

②供应链管理方面。通过RFID技术，可将信息锁定到具体的货物、托盘以及周转箱等，减缓供应链上下游之间的信息获取时间的滞后程度。但是，RFID技术在供应链管理上的推广需要整个供应链的共同支持，需要循序渐进。

③仓库管理方面。利用RFID可以提高货物出入库以及盘点的效率和准确性，加快信息化的步伐。同样，可以将RFID的应用延伸到企业的设备或者重要的工装夹具的管理，通过RFID系统的追踪和定位，减少企业资产的损失。

④零售结算方面。将RFID技术与电子银行等技术相结合，便可省去在收银台排队扫描商品和现金付账找零的环节，既方便了广大顾客，也为超市节约了相关的人力和管理成本。

总之，随着智能物流信息化趋势的加剧，作为物联网基础技术的RFID技术在智能物流领域的应用仍具有巨大的发展空间。

2.智能物流中的物联网通信技术

智能物流领域常采用的网络技术是局域网技术、无线局域网技术、现场总线技术、互联网技术和无线通信技术等，以实现“物”的互联互通。在智能物流系统中根据不同的应用范围，必须针对性地采取不同的技术，具体分类如表1-2-2所示。

表1-2-2　通信与网络技术的应用分类

序　号	应用范围	通信与网络技术
1	区域范围内的智能物流管理	局域网技术
2	不方便布线的地方	无线局域网技术
3	大范围的智能物流运输管理与调度	互联网技术、GPS技术、GIS地理信息系统技术相结合，组建货运车联网
4	以仓储为核心的智能物流中心信息系统	现场总线技术、无线局域网技术、局域网技术等
5	网络通信方面	无线移动通信技术、3G技术、M2M技术、直接连接网络通信技术等

下面以WSN技术为例，简要阐述其在智能物流领域的应用。

无线传感器网络（Wireless Sensor Networks，WSN）是由大量部署在作用区域内的、具有无线通信与计算能力的微小传感器节点通过自组织方式构成的分布式网络。它能够协同地实时感知、采集和处理网络覆盖区域中监测对象的信息，并以多跳的网络方式传送给观察者。

WSN技术在智能物流领域中有很多应用，主要涉及生产线环境监测、危险品智能物流管理、企业设备监测、仓库环境监测、运输车辆的跟踪与监测、冷链智能物流管理等方面。

虽然WSN技术在智能物流领域中的应用潜力巨大，但是目前大部分WSN技术的应用还是停留在理论研究或者实验开发阶段，在智能物流中真正的应用仍然十分有限。因此，必须加大对关键技术的攻关力度，如传感器节点的定位、能量的管理、拓扑控制等技术急需解决，为其在智能物流中的应用开辟道路。

3.智能物流中的物联网智能技术

智能物流领域中常采用的智能技术主要包括云计算技术、智能计算技术、智能调度技术、数据挖掘技术、专家系统技术和ERP技术等。在智能物流系统中根据不同的应用范围，需要有针对性地采取相应的智能技术，具体分类如表1-2-3所示。

表1-2-3　智能技术的应用分类

序　号	应用范围	智能技术
1	企业厂区的生产智能物流物联网系统	ERP技术、自动控制技术、专家系统技术等
2	大范围的社会智能物流运输系统	数据挖掘技术、智能调度技术、优化运筹技术等
3	以仓储为核心的智能物流中心	自动控制技术、智能机器人技术、智能信息管理系统技术、移动计算技术、数据挖掘技术等
4	以智能物流为核心的智能供应链综合系统、智能物流公共信息平台等领域	智能计算技术、云计算技术、数据挖掘技术、专家系统技术等

下面以智能机器人为例，简单阐述其在智能物流领域的应用。

在现代智能物流中，智能机器人主要有两种：一种是从事码垛作业的码垛机器人，包括直角坐标式机器人和极坐标式机器人等，主要从事码垛、成品拆码、拣选等作业；另一种是从事无人搬运的自动搬运小车（AGV），它们一般由计算机控制，通过系统软件发出搬运指令来控制AGV的路线和操作。

我国从事物流作业的智能机器人最早出现在烟草行业。卷烟厂主要采用码垛机器人对烟草成品进行码垛和拣选作业，采用自动搬运小车对烟草进行搬运作业。目前，智能机器人作为物联网智能终端的一个典型，在我国烟草、电子产品、医药、汽车等行业的智能物流系统中得到了比较广泛的应用，在提高智能物流效率、减少智能物流成本和提高智能物流自动化水平方面起到重要的推动作用。随着智能物流信息化的加剧，智能机器人已经逐渐成为现代智能物流系统的重要组成部分。

1.2.3 物联网在智能物流系统中的应用展望

1.物联网推动智能物流发展

在我国，将物联网应用于智能物流中主要经历了三个阶段：启蒙阶段（2003—2004年）、起步发展与探索阶段（2005—2009年）、理念提升阶段（2009年至今）。前两个阶段主要是沿着RFID/EPC和GPS/GIS两条技术路线不断探索的。而以2009年为开端的第三个阶段则是质的飞跃，物联网理念得到了补充和完善，逐渐形成三大技术核心：感知技术、网络通信技术和智能应用技术。

物联网在智能物流中的应用和发展是具有必然性的，它表现为主观的可能性和客观的迫切性。首先，在理论上，物联网具有推动现代智能物流发展的能力。其次，物联网的三大技术核心已经有了初步发展，甚至有的技术已相当成熟，这为其在智能物流中的应用奠定了技术支撑。最后，物联网在智能物流领域的应用已有较多的实验研究或实践基础，如未来商店、智能配送、智能仓库、集装箱通关等领域，都在实践中运用了物联网技术。无论是在理论上、实验中还是初步的实践中，物联网在智能物流领域中的应用已经初见雏形，并且有进一步发展的主观可能性。

推进物联网在智能物流领域中的应用是智能物流行业发展的需要。我国智能物流行业近年来虽然有了很大程度的发展，但是在经济全球化趋势加大的背景下，面对国际上强劲的竞争对手，我国智能物流行业没有明显的竞争优势。借助于物联网提高智能物流服务水平、降低智能物流成本、增强行业竞争力是我国智能物流行业的迫切需求。推进物联网在智能物流领域中的应用也是其他行业发展的需要。随着全球经济的进一步复苏，国内其他行业也在把握时机加快发展。这些行业的急速发展迫切要求有与之相适应的高质量、高效率的现代智能物流作为其发展的助推器。

2.物联网在智能物流中的应用范畴

随着物联网自身的发展，物联网在智能物流领域中应用的方面也在不断扩展，目前比较深入广泛的应用集中在以下几个方面。

（1）供应链管理方面

目前，越来越多的企业将供应链管理作为提高自己经济效益的一个重要部分，而鉴于物联网强大的信息采集和共享的特性，物联网将减缓供应链的“牛鞭效应”。

供应链管理中，通过RFID、红外视频等感知技术可以实时获取物品当前的状态，然后通过物联网的网络层将信息传达给销售商、生产商以及原料供应商，使供应链上的各个环节具备信息快速获取的能力，增加其可供处理的时间。这种供应链的智能物流信息化管理会提高客户需求预测的准确度，促使供应链上下游企业的密切合作，实现整体效益的提高，而不是利润的简单转移。

（2）智能物流配送中心方面

配送中心可以利用物联网中的RFID等技术，根据需要将电子标签贴在货物、托盘或者周转箱上面，通过物品信息的实时记录、处理，再结合物联网的智能处理系统，实现货物出入库、盘点、配送的一体化管理。

比如，贴有RFID标签的货物通过入库口时，读写器将自动读取货物信息，并将信息通过网络传送到数据库与订单进行对比，清点无误便可入库，系统的信息库随之更新。在配送过程中，智能软件系统根据客户需求自动安排货物出库计划，出库过程与入库相似。在平时的盘点过程中，可以用固定或者手持读写器进行自动扫描，将大大提高工作效率。当然，也可以将物联网中的智能终端设备，如智能码垛机器人、无人搬运小车等与操作软件相结合，进一步提高智能物流中心的智能化程度。

（3）可视化管理方面

目前，物联网的GPS/GIS技术、RFID技术、传感器网络技术在智能物流中已展开初步应用，以便实时了解关注对象的位置与状态，力图建立可视化的智能系统。

比如，现在的智能物流运输系统积极应用物联网技术，已经在某种程度上实现可视化。通过在运输路线上布置一些网络节点，当装有相应标签或传感器等设备的货车经过时，便可获知其运输的路线、时间、货物等相关信息，使后台管理者实现可视化管理。

当然，也可将这种技术落实在企业内部的生产线、汽车食品温度实时监控等场合，以增强整个智能物流过程的透明度。

（4）可追溯管理方面

应用物联网建立可追溯的智能系统，主要是为了实现在智能物流过程中的质量管理和责任追究的功能。比如，将物联网中的视频技术镶嵌在生产系统中，不仅能够实时监控产品的制造过程，而且可以事后进行查询。目前，主要是在食品安全、药品安全等领域运用物联网实施可追溯管理。通过产品追溯体系可以实现产品质量、效率等方面的智能物流保障。

1.3 人工智能与智能物流

1.3.1 人工智能概述

人工智能（Artificial Intelligence，AI）是一种对人类的思维方式进行模拟，然后生产出像人类一样能做出应对措施的智能系统，它主要包括应用计算机的软、硬件来模拟人类某些智能行为的基本理论、方法和技术。

1956年，约翰·麦卡锡（John McCarthy）等科学家在美国的达特矛斯会议（Dartmouth Conference）首次正式提出人工智能的概念。近年来，信息技术和智能设备的快速发展，人工智能在核心技术和典型应用上都呈现爆发式的进展。人工智能作为现代智能化的发展趋势，已经开始进入我们生产生活的各个领域。随着平台、算法、交互方式的不断更新和突破，人工智能技术的发展将主要以"AI+某一具体产业或行业"的形态得以呈现。

2016年，围棋界发生了一件影响深远的大事件，让人们对人工智能的迅速发展刮目相看。谷歌开发的人工智能机器人程序AlphaGo战胜了人类围棋世界冠军职业九段棋手李世石。在此之后，AlphaGo一路过关斩将，与世界上数十位围棋高手对战，竟然无一败绩。AlphaGo在围棋领域已经明显超越了一般人类的智能水平。

2017年7月国务院发布的《新一代人工智能发展规划》和2017年12月工业和信息化部印发的《促进新一代人工智能产业发展三年行动计划（2018—2020年）》，更是将人工智能产业发展上升为国家战略。相关规划、计划的陆续出台，为我国人工智能产业持续健康发展指明了方向。

1.3.2 人工智能带来的革命性变革

人工智能技术的出现，有助于改变物流行业的粗放操作模式，使传统低效的方式向高科技、集约化的高质量方式转变。随着人工智能技术的广泛应用，智能机器人、语音识别、大数据、区块链、自动驾驶汽车等智能化软硬件逐渐替代了大量传统物流设施设备和劳动力。人工智能形成了新的物流要素结构，是科技驱动物流升级、抢占市场制高点的核心手段。一些物流公司的创始者们纷纷尝试利用人工智能技术优化物流环节，提高物流效率。政府关于推进人工智能相关政策也在逐步出台，并在科研机构、行业公司等多个层面得到落实。

自2015年以来，我国各级政府机构已经纷纷出台鼓励物流行业向智能化、智慧化发展的政策，并积极鼓励企业进行物流模式的创新。2017年，国务院办公厅在印发的《关于积极推进供应链创新与应用的指导意见》中更是明确提到：加快人机智能交互、工业机器人、智能工厂、智慧物流等技术和装备的应用，大力发展智慧商店、智慧商圈、智慧物流，提升流通供应链智能化水平。国务院及各部委发布多个针对智慧物流发展的综合性政策和专项指导意见，一方面彰显了在现代物流发展中人工智能有着重要地位，另一方面也赋予了人工智能推动现代物流向更高层次、更高水平发展的重任。

相比于传统的物流模式，人工智能所催生的基于大数据、云计算以及物联网等技术的智能物流的优势日益凸显，人工智能将在以下几个方面给物流业带来巨大变革。

1.数据分析和预测

库存管理是人工智能技术应用较早的领域之一，通过分析历史消费数据，动态调整库存水平，保持企业存货的有序流通，提升消费者满意度的同时，不增加企业盲目生产的成本浪费，使得企业始终能够提供高质量的生产服务。通过分析大量历史数据，从中学习总结相应的知识，建立相关模型对以往的数据进行解释，并预测未来的数据。人工智能通过提前有效的库存管理，既降低消费者等待时间，又分离了物流的相关功能，使整个物流运作更为有效。

2017年“双十一”期间，通过数据预测、商品下沉等措施，实现了“单未下，货先行”，更创造了订单通过智能仓配系统，由机器人和流水线根据算法自动完成拣选和包装，4分钟就被贴上电子面单从仓库发出，12分18秒签收成功的奇迹。

2.仓储管理环节

对于企业仓库选址的优化问题，AI技术能够根据现实环境的种种约束条件（如顾客、供应商和生产商的地理位置、运输经济性、劳动力可获得性、建筑成本、税收制度等）进行充分的优化，给出接近最优解决方案的选址模式。因为AI 能够减少人为因素的干预，使选址更为精准，所以物流企业的成本能够大幅降低，企业的利润大幅上涨。

在仓库建设上引入智能自动化立体仓库，自动化立体仓库的主体由货架、巷道式堆垛起重机、操作控制系统组成。钢结构的货架内是标准尺寸的货位空间，巷道堆垛起重机穿行于货架之间的巷道中，完成存、取货的工作。管理上采用计算机及条形码技术。图1-3-1所示为京东无人仓内景图。

图1-3-1　京东无人仓

无人仓从收货到上架、理货、盘点、分拣、出库、货物打包，以及送货车辆调度，所有操作全部由智能机器人完成，在智能仓库中，几乎看不到真正的人。智能机器人代替了人完成机械、繁杂的工作，把人从其中解放出来，同时，智能机器人为仓储企业节省了大量的劳动力，节约了人工成本。

3.库存管理

AI通过分析历史消费数据，建立相关模型对以往的数据进行解释并预测未来的数据，动态调整库存水平，保持企业存货的有序流通，提升消费者满意度的同时，不增加企业盲目生产的成本浪费，使得企业始终能够提供高质量的生产服务。在降低消费者等待时间的同时使得物流相关功能分离开来，令物流运作更为有效。

4.运输路径的规划

智能机器人的投递分拣、智能快递柜的广泛使用都大大提高了物流系统的效率，大大降低了行业对人力的依赖。随着无人驾驶等技术的成熟，未来的运输将更加快捷和高效。通过实时跟踪交通信息，以及调整运输路径，物流配送的时间精度将逐步提高。而无人监控的智能投递系统也将大大减少包装物的使用，更加环保。如京东的智能配送机器人（图1-3-2）和淘宝网无人机配送（图1-3-3）均是人工智能在快递上的应用尝试。

图1-3-2 智能配送机器人

图 1-3-3 无人机配送

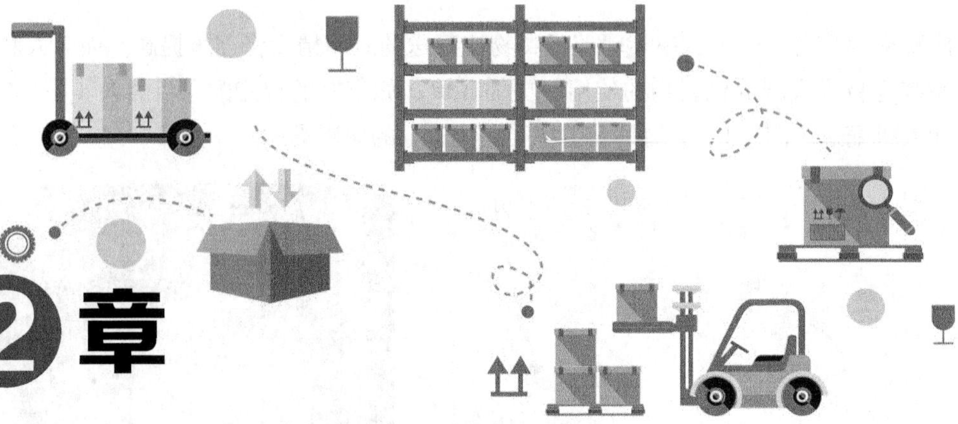

第2章 条形码与 RFID 实验

2.1 条形码技术

2.1.1 条形码的产生与发展

条形码最早可以追溯到20世纪40年代，美国乔·伍德兰德（Joe WoodLand）和伯尼·西尔沃（Berny Silver）两位工程师开始研究用代码表示食品项目及相应的自动识别设备。这种代码被叫作“公牛眼”代码，代码的图案很像微型射箭靶，该图案靶式的同心圆是由圆条和空绘成圆环形。这种代码于1949年获得了美国专利。

20世纪60年代，美国开始有了条形码技术的早期应用，如将条形码标识在有轨电车上，北美铁路系统采用西尔沃尼亚（Sylvania）发明的一个条形码系统以及美国超市出现了第一套条形码扫描零售系统等。

1970年，美国超级市场Ad Hoc委员会制定出通用商品代码UPC码，许多团体也提出了各种条形码符号方案。1973年，美国统一编码协会（UCC）建立了UPC条形码系统，实现了该码制标准化。同年，食品杂货业把UPC码作为该行业的通用标准码制，为条形码技术在商业流通销售领域里的广泛应用起到了积极的推动作用。随着条形码技术研究的发展，美国在20世纪70年代还相继研制出现了库德巴（Code bar）码和39码。这些码制的条形码到现在仍然是在各种行业内得到广泛应用的条形码。

1977年，欧洲共同体在UPC-A码基础上制定出与之兼容的欧洲物品编码EAN-13和EAN-8码，签署了“欧洲物品编码”协议备忘录，并正式成立了欧洲物品编码协会（EAN）。到了1981年，由于EAN已经发展成为一个国际性组织，故改名为“国际物品编码协会”，仍简称为EAN，后随着美国统一编码协会加入该组织，改称为EAN-international，负责开发、建立和推动全球性的物品编码及条形码标识标准化。

20世纪80年代，人们围绕提高条形码符号的信息密度，开展了多项研究。相继推出贸易单元128码、93码、交叉25码、49码（二维条形码的雏形）和16K码等条形码。到1990年底，共有40 多种条形码码制，相应的自动识别设备和印刷技术也得到了长足的发展。

2005年2月，EAN和UCC正式合并更名为GS1（全球第一商务标准化组织）。GS1拥有一套全球跨行业的产品、运输单元、资产、位置和服务的标识标准体系和信息交换标准体系，使产品在全世界都能够被扫描和识读，克服了厂商、组织使用自身的编码系统或部分特殊编码系统的局限性，提高了贸易的效率和对客户的反应能力。

从20世纪80年代中期开始，我国一些高等院校、科研部门及一些出口企业，把条形码技术的研究和推广应用逐步提到议事日程上。一些行业如图书、邮电、物资管理部门和外贸部门已开始使用条形码技术。1988年，经国务院批准，国家技术监督局成立了“中国物品编码中心”，负责在国内推广EAN・UCC系统。1991年4月，中国物品编码中心代表我国加入国际物品编码协会，负责推广国际通用的、开放的、跨行业的全球统一编码标识系统和供应链管理标准，向社会提供公共服务平台和标准化解决方案。

2.1.2　条形码基础知识

1.一维条形码

条形码是由一组规则排列的条、空以及对应的字符组成的标记。“条”指对光线反射率较低的部分，“空”指对光线反射率较高的部分，这些条和空组成的数据表达一定的信息，并能够用特定的设备识读，转换成与计算机兼容的二进制和十进制信息。

一个完整的条形码的组成次序依次为：静区（前）、起始符、数据符、（中间分割符，主要用于EAN码）、终止符、静区（后），如图2-1-1所示。

图2-1-1　条形码的构成

静区：指条形码左右两端外侧与空的反射率相同的限定区域，它能使阅读器进入准备阅读的状态，当两个条形码相距较近时，静区则有助于对它们加以区分，静区的宽度通常应不小于6 mm（或10倍模块宽度）。

起始/终止符：指位于条形码开始和结束的若干条与空，标志条形码的开始和结束，同时提供了码制识别信息和阅读方向的信息。

数据符：位于条形码中间的条、空结构，它包含条形码所表达的特定信息。

条形码识别技术的核心是条形码符号，条形码符号的载体称为条形码标签。条形码标签是指带有条形码和人工可读字符的信息，也可能包含其他文字或图形，用于标识物品，是以印刷、贴附或吊牌方式与物品相随的信息载体。

条形码标签按其应用领域的不同分为：①商品条形码标签；②物流条形码标签；③生产控制条形码标签；④办公管理条形码标签；⑤票证条形码标签等。

条形码的码制是指条形码符号的类型，不同类型的条形码符号，条、空图案对数据的编码方法各有不同。每种码制都具有固定的编码容量和所规定的条形码字符集。

不同的码制有各自应用的领域，常用的一维码码制有：

①EAN码。全球推广应用的通用商品条形码，是定长的纯数字条形码，有EAN-13、EAN-8码。EAN13码由前缀码、厂商识别码、商品项目代码和校验码组成。标准码共13位数，由“国家代码”3位数，“厂商代码”4位数，“产品代码”5位数，以及“检查码”1位数组成。前缀码是用来标识国家或地区的代码，赋码权在国际物品编码协会；制造厂商代码的赋权在各个国家或地区的物品编码组织；商品代码是用来标识商品的代码，赋码权由产品生产企业自己行使。生产企业按照规定条件自己决定在自己的何种商品上使用哪些阿拉伯数字为商品条形码；最后用1位的校验码用来校验商品条形码中左起第1～12数字代码的正确性。EAN缩短码共有8位数，由国家或地区编号+产品编号+检验码组成，当包装面积小于120 cm^2以下无法使用标准码时，可以申请使用缩短码。

②UPC码。美国制定的在北美地区应用的条形码，在技术上与EAN码完全一样，定长、纯数字型码，包括UPC-A码和UPC-E码。

③交叉25码。交叉25码（Interleaved 2-of-5）由美国的Intermec公司于1972年发明。初期广泛应用于仓储及重工业领域。1981年，美国开始将其用于运输包装领域。1987年，日本引入交叉25码，标准化后用于储运单元的识别与管理。交叉25码是一种密度较高、连续型、非定长的条形码。EAN规范中将交叉25码作为用于储运单元的标准条形码。定量储运单元代码的条形码标识可用14位交叉25码（ITF-14）标识定量储运单元。常见的在商品运输包装上使用的主要是由14位数字字符组成的ITF-14条形码。我国ITF-14编码的组成见GB/T 16830《商品条形码　储运包装商品编码与条形码表示》。

④UCC/EAN-128码。128码于1981年推出，是一种长度可变、连续性的字母数字条形码。与其他一维条形码比较起来，128码是较为复杂的条形码系统，而其所能支持的字元也相对地比其他一维条形码多，又有不同的编码方式可供交互运用，因此其应用弹性也较大。128码是一种用模块组配法编制的条形码，三套字符集（字符集A、字符集B、字符集C）共可以表示128个符号，故称128码，字符集包含数字，大小写英文字母、符号、控制符和00～99的100个双位数的数字。可以标注商品的附加信息，在商品信息的标识、产品的跟踪与追溯中有广泛的用途。UCC/EAN-128码是国际贸易和物流环节常用的条形码。

⑤39码。一种可表示数字、字母等信息的条形码，主要用于工业、图书及票证等方面的自动化管理，目前使用极为广泛。

⑥库德巴码。可表示数字和字母信息的条形码，主要用于医疗卫生、图书情报、物资等领域。

2.二维条形码

由于条形码技术具有输入速度快、准确度高、成本低、可靠性强等优点，因此在各行业得到了广泛应用。但随着应用领域的不断扩展，传统的一维条形码渐渐表现出了它的局限：首先，使用一维条形码，必须通过连接数据库的方式提取信息才能明确条形码所表达信息的含义，因此在没有数据库或者不便联网的地方，一维条形码的使用就受到了限制；其次，一维条形码表达的只能为字母和数字，而不能表达汉字和图像，在一些需要应用汉字的场合，一维条形码便不能很好地满足要求；另外，在某些场合下，大信息容量的一维条形码通常受到标签尺寸的限制，也给产品的包装和印刷带来了不便。

二维条形码的诞生解决了一维条形码不能解决的问题，它能够在横向和纵向两个方位同时表达信息，不仅能在很小的面积内表达大量的信息，而且能够表达汉字和存储图像，并且条形码相对尺寸小，具有抗损毁能力。二维条形码的出现拓展了条形码的应用领域，因此被许多不同的行业所采用。

二维条形码可分为行排式（堆积式）和矩阵式（棋盘式）两大类。行排式二维码是在一维条形码编码原理的基础上，将多个一维码在纵向堆叠而产生的，主要码制有：Code 49、Code 16K、PDF417码等，矩阵式二维码是在一个矩形空间通过黑、白像素在矩阵中的不同分布进行编码，主要码制有：Code one、Data matrix、Maxi code、QR等。

QR码（Quick Response Code）是应用最为广泛的一种二维码，与之前的一维条形码相比，QR 码能存储更丰富的信息，包括对文字、URL 地址和其他类型的数据加密。QR码1994年由日本Denso-Wave公司发明，QR码的标准JIS X 0510在1999年1月发布，而其对应的ISO国际标准ISO/IEC18004则在2000年6月获得批准。QR码是属于开放式的标准，QR码的规格公开呈正方形，如图2-1-2所示，只有黑白两色。在4个角落的其中3个，印有较小的像“回”字的正方图案，这3个是帮助解码软件定位的图案，使用者不需要对准，无论以任何角度扫描，资料都可正确读取。

图2-1-2　QR码

3.条形码阅读器基本原理

条形码阅读器是用于读取条形码所包含的信息的设备，条形码阅读器的结构通常为以下几部分：光源、接收装置、光电转换部件、译码电路、计算机接口。它们的基本工作原理为：由光源发出的光线经过光学系统照射到条形码符号上面，被反射回来的光经过光学系统成像在光电转换器上，使之产生电信号，信号经过电路放大后产生模拟电压，它与照射到条形码符号上被反射回来的光成正比，再经过滤波、整形，形成与模拟信号对应的方波信号，经译码器解释为计算机可以直接接收的数字信号。

常见的条形码阅读器包括：光笔、CD阅读器、激光枪、固体式扫描仪和数据采集器等。

2.1.3 条形码的应用

条形码识别自诞生以来，凭借着其在信息采集上灵活、高效、可靠、成本低廉的特点，逐渐成为现代社会最常见的信息管理手段之一。伴随条形码技术的不断发展，条形码技术现已应用从计算机管理的各个领域，渗透到了商业、工业、交通运输业、邮电通信业、物资管理、仓储、医疗卫生、安全检查、餐饮旅游、票证管理以及军事装备、工程项目等国民经济各行各业和人们的日常生活中。常见条形码应用如下。

1.商业POS系统应用

条形码技术应用最广泛、最为人们熟悉的还是通用商品流通销售领域的POS（Point of Sale）系统，也称为销售终端或扫描系统。北美、欧洲各国和日本普遍采用POS系统，其普及率已达95%以上。

POS系统是利用现金收款机做为终端机与主计算机相联，并借助于光电识读设备为计算机录入信息。当带有条形码符号的商品通过结算台扫描时，商品条形码所表示的信息被录入到计算机中，计算机从数据库文件查询到该商品的名称、价格等，并经过数据处理，打印出收据。

POS系统的建立，可使商家及时地了解经营情况，能减少库存，降低成本，提高效益。制造商则可以从POS系统中及时获得商品及市场信息，及时调整生产结构，提高产品竞争力。同时，POS系统为顾客提供了更加满意的服务。

2.仓储管理中的应用

仓储管理中引入条形码技术，能对仓库的到货检验、入库、出库、调拨、移库移位、库存盘点等各个作业环节的数据进行自动化的数据采集，保证仓库管理各个作业环节数据输入的效率和准确性，确保企业及时准确地掌握库存的真实数据，合理保持和控制企业库存。通过科学的编码，还可方便地对物品的批次、保质期等进行管理。

3.运输行业的应用

一个典型的运输业务过程通常经历：供应商→货运代理，货运代理→货运公司，货运公司→客户等几个过程，在每个过程中都牵涉发货单据的处理。发货单据含有大量的信息，包括：发货人信息、收货人信息、货物清单、运输方式等。单据处理的前提是数据的录入，人工键盘录入的方式存在着效率低、差错率高的问题，已不能适应现代运输业的要求。

条形码在这方面提供了一个很好的解决方案，将单据的内容编成一个条形码，打印在发货单据上，在运输业务的各个环节使用条形码阅读器扫描条形码，信息便录入到计算机管理系统中，既快速又准确。比如美国货运协会（ATA）提出的EDI系统，结合条形码技术与EDI技术，发送方将EDI信息编成一张PDF417条形码标签提交给货运商，通过扫描条形码，信息立即传入货运商的计算机系统。这一切都发生在恰当的时间和恰当的地点，使得整个运输过程的效率大大提高。

2.2 条形码实验

2.2.1 条形码的生成与打印

1.实验目的和要求

进一步理解条形码技术的理论知识，加深学生对条形码构成、生成的直观认识，利用打印软件按照标签的大小进行设置，实现各种一维，二维条形码的生成，掌握条形码打印机的打印方法。

2.实验设备

硬件：PC，条形码打印机及打印耗材。

软件：PC操作系统Windows 7，Zebradesigner或者Label mx通用条形码标签设计系统等软件。

3.实验内容

①EAN-13/EAN-8条形码、ITF-14码、Code-39码、UCC/EAN-128码等一维码的认知和生成。

②PDF417、QR 码等二维码的认知和生成。

③条形码打印机打印一维条形码。

4.实验原理

见2.1节条形码技术。

5.实验步骤

①下载安装免费版Zebradesigner。

②打开Zebradesigner软件，选中“创建新标签”，单击“完成”按钮。

③标签设置向导。在“选择打印机”窗体里单击“属性”，选中“ZDesigner 888-DT”，单击“下一步”按钮，如图2-2-1所示。

图2-2-1　标签设置打印机选择界面

选择标签库的作用：预定义标签格式（标签库）可以加速标签设计。单击“下一步”按钮。

在“页面大小”窗体里选择所需的页面尺寸，可以选择“自动调整大小”或“页面大小”在其中设计条形码的宽度、高度。单击“下一步”按钮。

在“标签布局”里选择一个最符合要求的页面布局。根据设计条形码标签的类型，选择条形码打印方向“纵向”或“横向”，如图2-2-2所示。

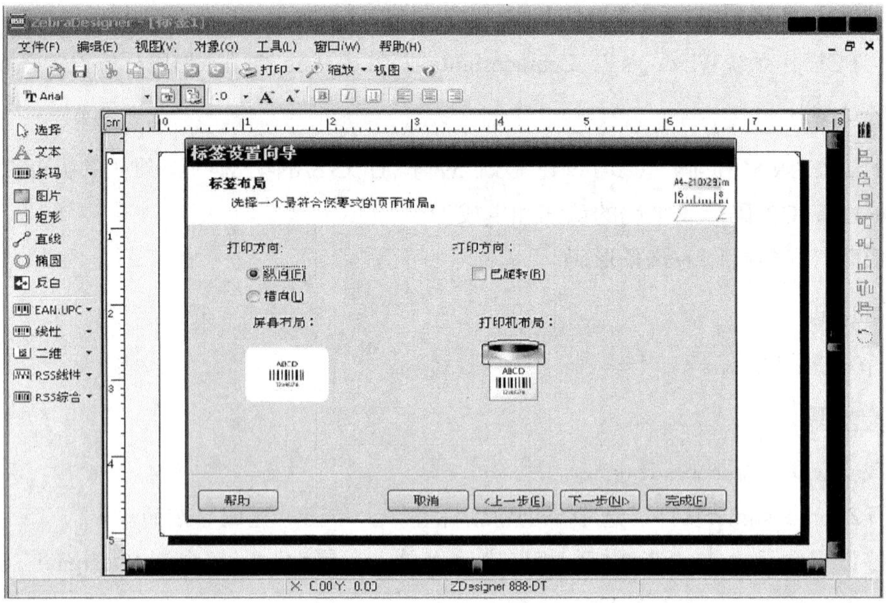

图2-2-2　标签设置向导

在“标签尺寸”中设置标签版面尺度和选择合适的衡量单位。根据标签的大小设置“标签宽度”和“标签高度” 等变量。

④标签设计。选择想设计的标签，例如设计EAN.UCC类型条形码，选择EAN.UCC条形码，在“条形码向导”对话框“条形码类型”中选中EAN-13条形码，如图2-2-3所示。

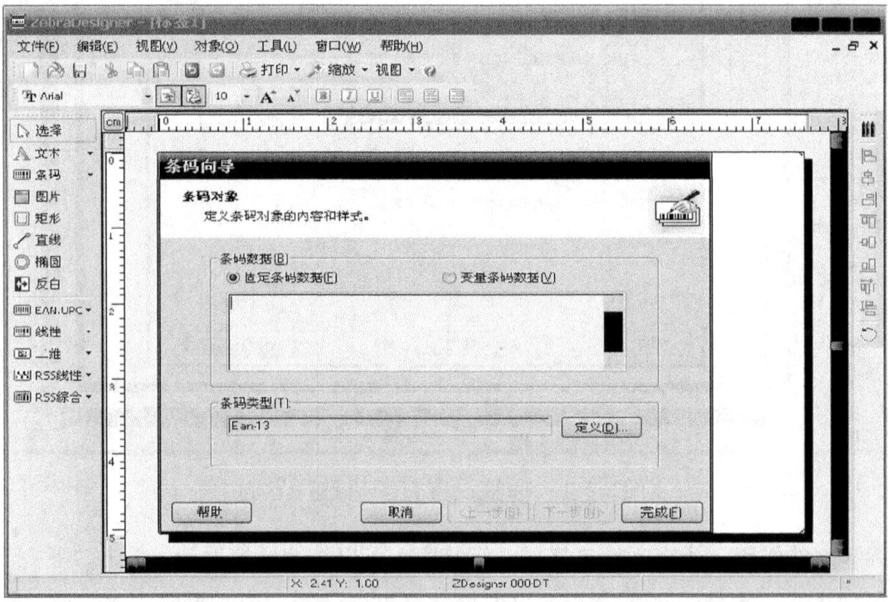

图2-2-3　条形码内容设计界面

⑤单击“定义”按钮开始编辑条形码，设置如图2-2-4所示：“符号高度”设置为2.0 cm，“X方向放大因子”为4，“条形码校验位”选择“自动生成条形码校验位”，“人眼可识别码选择”“条形码下方”，单击“确定”按钮完成条形码编辑。

图2-2-4　条形码类型选择界面

⑥条形码标签代码的生成。单击选择“固定条形码数据” 输入自定义条形码符号，如690123456789，如图2-2-5所示，单击“完成”按钮。

图2-2-5　条形码生成界面

⑦单击“文件”，选择“打印”。

⑧按照上述步骤依次生成：

• EAN-8：要求打印内容为69012341，其中最后一位1为系统自动生成，校验位。

• 汉信码：要求打印内容为自己的班级、姓名和学号。

• Code-39：要求打印内容为HGL7ZI03016-3A1，最后一位1为系统自动生成，校验位。

• UCC/EAN-128：要求打印内容为（01）16903128100250（13）181020（15）190420，表示贸易项目代码为16903128100250，该产品包装日期为2018年10月20日，保质期到2019年4月20日。

• PDF417：此种条形码为二维码，要求打印内容为自己的班级、姓名和学号。

• ITF-14：要求打印内容为16922065711336。

• QR 码：此种条形码为二维码，要求打印内容为自己的班级、姓名和学号。

2.2.2 条形码的简单应用

1.实验目的和要求

进一步理解条形码技术的理论知识，加深学生对条形码构成、生成的直观认识，利用打印软件按照标签的大小进行设置，实现各种一维，二维条形码的生成，掌握条形码打印机的方法。

2.实验设备

硬件：PC、手持条形码扫描仪、带有条形码的物品。

软件：PC操作系统Windows 7、Microsoft Excel。

3.实验内容

①通过条形码扫描条形码实现快速查询。

②在 Microsoft Excel中把物品分类进行归类扫描。

4.实验步骤

①使用条形码扫描仪进行快速的查询，打开www.baidu.com后，在地址栏中扫入物品的条形码然后查询，可以快速找到该物品的一些说明(当然也可以在其他网站查询)，如图2-2-6和图2-2-7所示。

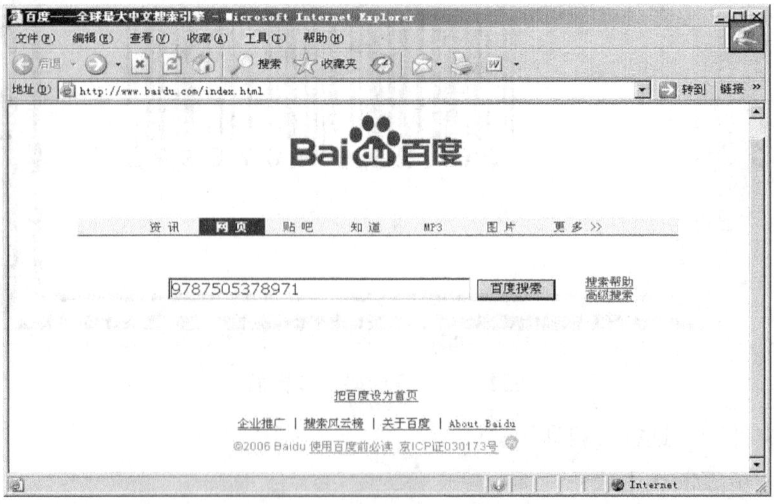

图2-2-6 百度搜索条形码界面

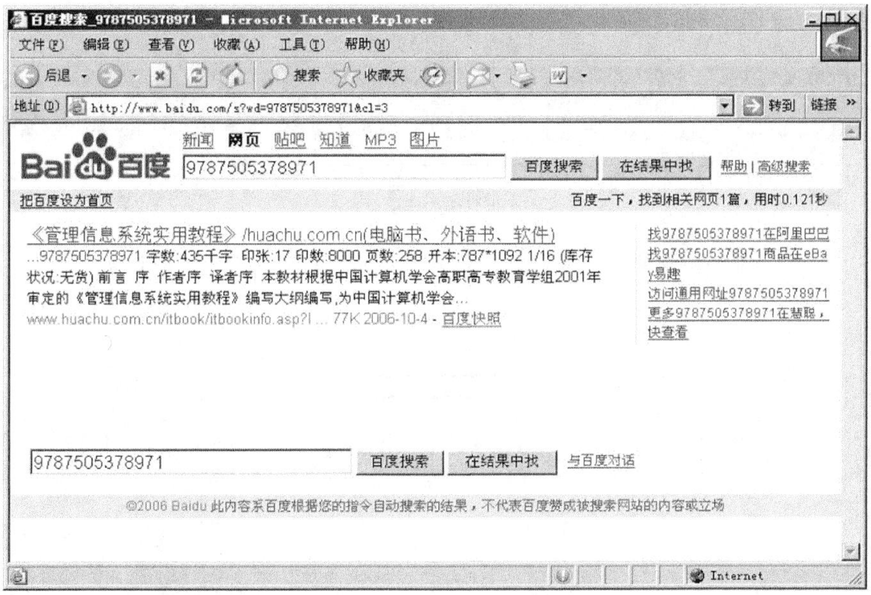

图2-2-7　百度搜索条形码结果图例

②在Microsoft Excel 中输入一些物品的名称，然后扫描该物品的条形码进行物品的分类，可以建立一个简单的数据库，实现数据的快速查找，如图2-2-8所示。

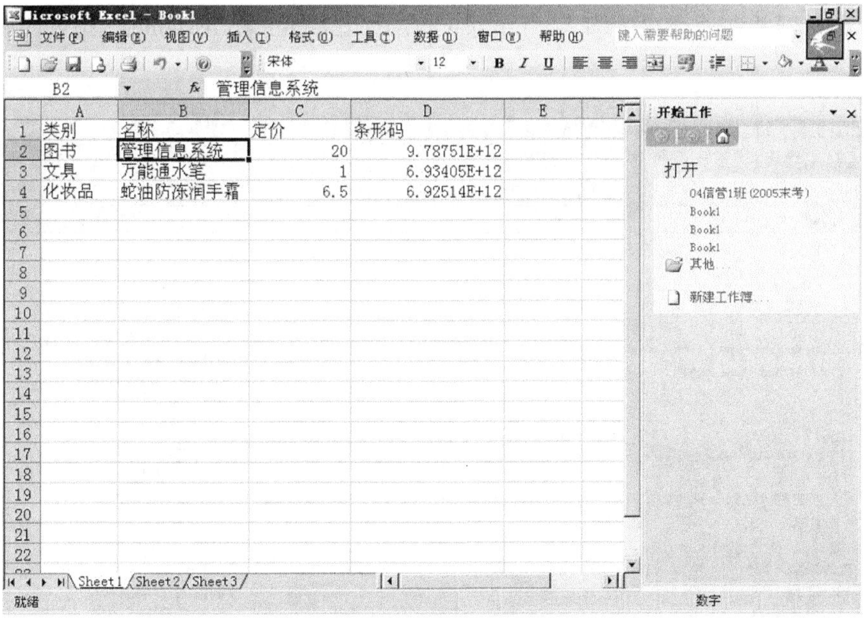

图2-2-8　Excel中编辑物品条形码

③通过设置单元格格式正确显示条形码，如图2-2-9所示。

条形码生成器是由合法字符：ABCDEFGHIJKLMNOPQRSTUVWXYZ 1234567890 + - * / % $组成的，可以生成39码和EAN13码。利用条形码生成器为相应物品生成规律性的条形码以便对其进行管理，是目前商品行业采用较多的一种管理体制。下面是通过网站在线生成

EAN13条形码的操作示例。

图2-2-9　设置物品条形码单元格格式

a. 打开浏览器并在地址栏中输入“http://www.systron.com.cn/barcode2.asp”，如图2-2-10所示。

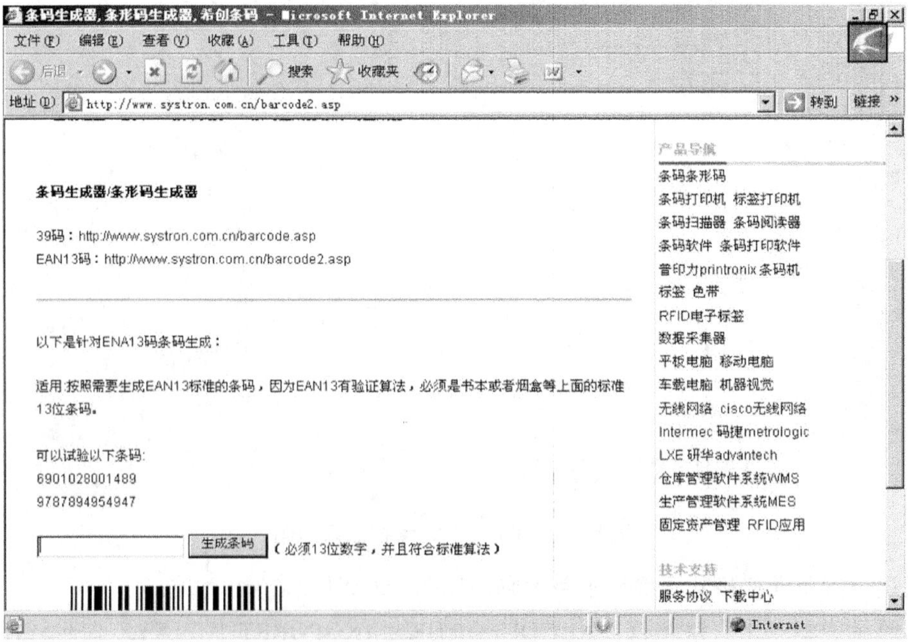

图2-2-10　打开在线生成EAN13条形码的网页

b. 在打开在线生成EAN13条形码中输入物品数字编号，如图2-2-11所示。

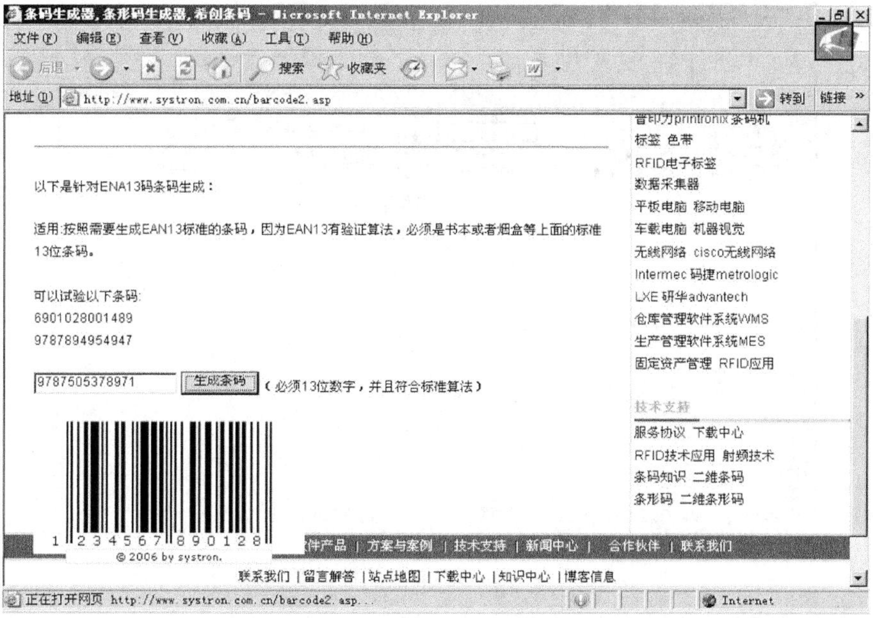

图2-2-11　输入物品数字编号

c. 单击“生成条码”按钮，生成对应物品的条形码，如图2-2-12所示。

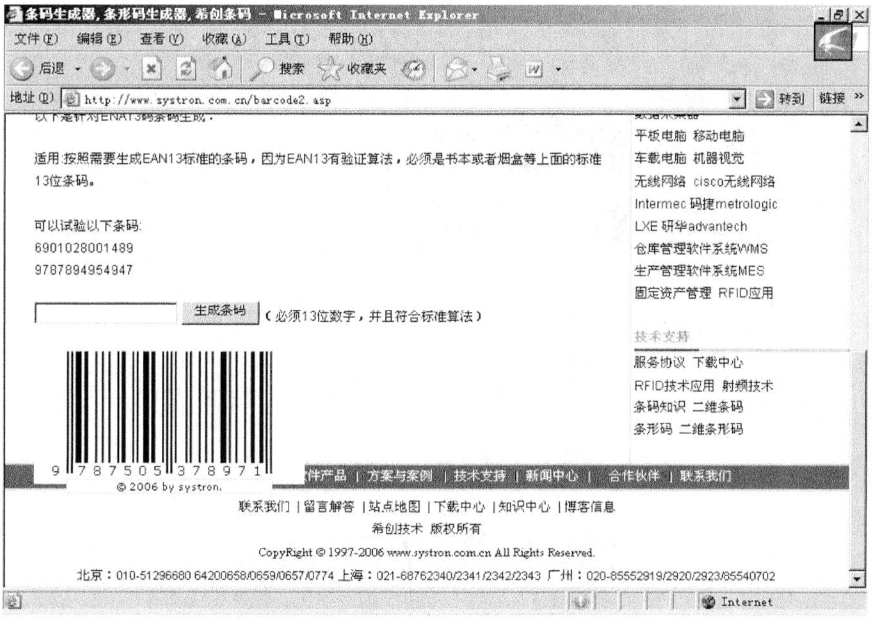

图2-2-12　查看生成的EAN13条形码

5. 实验扩展

把条形码制作成相应的超链接，然后组合成一个数据库，各个超链接对应相应的链接，然后访问者可以方便快速的查询，这样可以节省查询者大量的时间，如图2-2-13和图2-2-14所示。

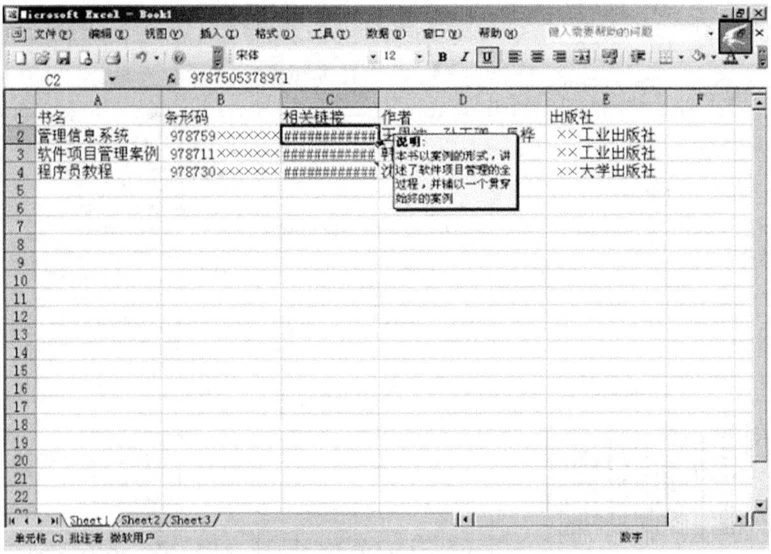

图2-2-13　条形码商品的简单数据库

图2-2-14　进入相应的页面

2.3　RFID技术

2.3.1　RFID技术的发展过程

RFID的英文全称是Radio Frequency Identification，射频识别，又称电子标签、无线射频识别。

RFID是一种非接触式的自动识别技术，它通过射频信号自动识别目标对象并获取相关数据，识别工作无须人工干预，可工作于各种恶劣环境，可识别高速运动物体并可同时识别多个标签， 操作快捷方便。它广泛应用于物流管理、交通运输、医疗卫生、商品防伪、安全防护、管理与数据统计等领域，被公认为21世纪十大重要技术之一。

从概念上来讲，RFID类似于条形码扫描，对于条形码技术而言，它是将已编码的条形码附着于目标物并使用专用的扫描读写器利用光信号将信息由条形码传送到扫描读写器；而RFID则使用专用的RFID读写器及专门的可附着于目标物的RFID单元，利用RF信号将信息由RFID单元传送至RFID读写器。

RFID技术的起源归结为20世纪初期雷达技术的发展及应用。

20世纪50年代是RFID技术的初步探索阶段，以实验室内实验研究为主。

20世纪60年代，RFID技术的理论研究取得了进步，开始了一些应用尝试。

20世纪70年代，RFID技术与产品研发处于一个快速发展时期，很多科研院所和商业机构开始投入到RFID的研发中来。出现了一些最早的RFID商业应用。

20世纪80年代，RFID技术更加成熟。各种封闭独立的RFID系统应用开始逐步出现。

20世纪90年代，RFID技术发展更全面。RFID产品在门禁系统、防盗系统、航空行李识别、电子付费及运动计时方面都得到广泛的应用。

随着RFID的广泛应用，为保证不同RFID设备及系统的相互兼容，RFID技术标准化问题越来越得到重视。这时，EPCglobal（全球电子产品码协会）应运而生，它是由UCC（北美统一编码协会）和EAN（欧洲商品编码协会）共同发起组建，并专门负责制定RFID的标准。

进入21世纪，RFID技术理论得到进一步丰富和完善，RFID产品种类变得更加丰富，被动型、主动型电子标签都得到发展，电子标签的成本也不断下降。而全球最大的零售商沃尔玛公司的一项“要求其前100家供应商从2005年1月起，向其配送中心发送货盘和包装箱时使用RFID技术，2006年1月起在单件商品中使用该技术”的决议，再次把RFID技术推到了聚光灯下。

2.3.2 RFID的系统构成

RFID 系统包括硬件组件和软件组件两部分。其中，硬件组件由电子标签和阅读器，软件组件由中间件和应用软件组成。

1. 电子标签（Tag）

RFID电子标签由芯片、天线及载体组成。芯片内存用来保存ID等特定信息；天线用来接收和发送信息和指令；载体用来安装和保护芯片和天线。每个RFID标签具有唯一的电子编码，附在物体上标识目标对象。电子标签的内部模块功能如图2-3-1所示。

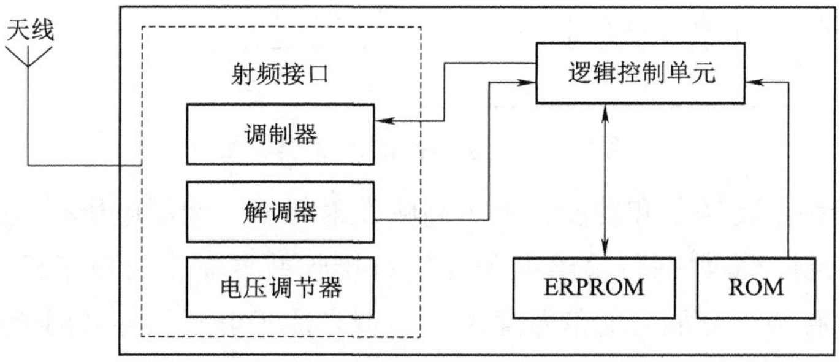

图2-3-1　电子标签内部模块图

①天线（Antenna）：用来接收由阅读器送来的信号，并把要求的数据传送回阅读器。

②电压调节器：把由阅读器送来的射频信号转换为直流电源，并经大电容存储能量，再通过稳压电路以提供稳定的电源。

③调制器：逻辑控制电路送出的数据经调制电路调制后加载到天线返回给阅读器。

④解调器：去除载波，取出调制信号。

⑤逻辑控制单元：译码阅读器送来的信号，并依据要求返回数据给阅读器。

⑥存储单元：包括ERPROM和ROM，作为系统运行及存放识别数据。

按照标签的供电方式，电子标签分为：

①有源电子标签：又称主动标签（Active tag），标签的工作电源完全由内部电池供给，同时标签电池也给标签的无线发射和接收装置供电。

②无源电子标签：又称被动标签（Passive tag），没有内部电池，当标签处在阅读器的读出范围之外时，电子标签处于无源状态，而在阅读器的读出范围之内时，电子标签从阅读器发出的射频能量中提取其工作所需的电源能量。

③半有源射频标签：又称为半被动标签（Semi-passive tag），可以使用微型纽扣电池给芯片供电，而天线接收发射仍然通过阅读器发射的电磁波获取能量，因此本身耗电很少。

2.读写器（Reader）

读写器也称阅读器、询问器（Interrogator），是对RFID标签进行读/写操作的设备，读写器是RFID系统中最重要的基础设施，可设计为手持式或固定式。主要负责与电子标签的双向通信，同时接收来自主机系统的控制指令。阅读器的频率决定了RFID系统工作的频段，其功率决定了射频识别的有效距离。阅读器根据使用的结构和技术的不同可以是读或读/写装置，它是RFID系统信息控制和处理中心。

阅读器通常由射频接口、逻辑控制单元和天线三部分组成，如图2-3-2所示。

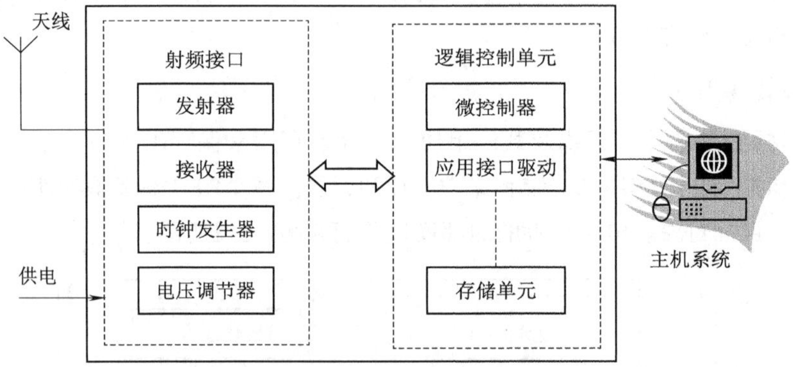

图2-3-2　读写器的内部模块图

①射频接口模块主要任务和功能：产生高频发射能量，激活电子标签并为其提供能量；对发射信号进行调制，将数据传输给电子标签；接收并调制来自电子标签的射频信号。注意，在射频接口中有两个分隔开的信号通道，分别来往于电子标签和阅读器两个方向的数据传输。

②逻辑控制单元也称读写模块，主要任务和功能：与应用系统软件进行通信，并执行从应用系统软件发送来的指令；控制阅读器与电子标签的通信过程；信号的编码与解码；对阅读器和标签之间传输的数据进行加密和解密；执行防碰撞算法；对阅读器和标签的身份进行验证。

③天线是一种能将接收到的电磁波转换为电流信号，或者将电流信号转换成电磁波发射出去的装置。在RFID系统中，阅读器必须通过天线来发射能量，形成电磁场，通过电磁场对电子标签进行识别。因此，阅读器天线所形成的电磁场范围即为阅读器的可读区域。

3.应用系统

RFID应用系统主要由中间件与应用软件构成，如图2-3-3所示。其中，中间件是一种独立的系统软件或服务程序。分布式应用软件借助这种软件在不同的技术之间共享资源。中间件位于客户机、服务器的操作系统之上，管理计算机资源和网络通信。

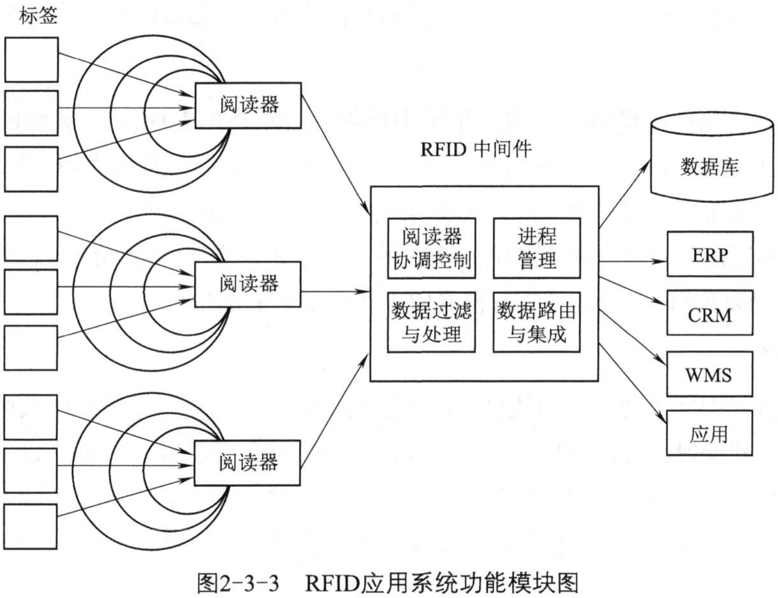

图2-3-3 RFID应用系统功能模块图

RFID中间件的主要任务和功能为：

①阅读器协调控制：终端用户可以通过RFID中间件接口直接配置、监控以及发送指令给阅读器。一些RFID中间件开发商还提供了支持阅读器即插即用的功能，使终端用户新添加不同类型的阅读器时不需要增加额外的程序代码。

②数据过滤与处理：当标签信息传输发生错误或有冗余数据产生时，RFID中间件可以通过一定的算法纠正错误并过滤掉冗余数据。RFID中间件可以避免不同的阅读器读取同一电子标签的碰撞，确保了阅读准确性。

③数据路由与集成：RFID中间件能够决定采集到的数据传递给哪一个应用。RFID中间件可以与企业现有的企业资源计划（ERP）、客户关系管理（CRM）、仓储管理系统（WMS）等软件集成在一起，为它们提供数据的路由和集成，同时中间件可以保存数据，分批的给各个应用提交数据。

④进程管理：RFID中间件根据客户定制的任务负责数据的监控与事件的触发。如在仓储管理中，设置中间件来监控货品库存的数量，当库存低于设置的标准时，RFID中间件会触发事件，通知相应的应用软件。

2.3.3 RFID的工作原理

RFID系统的基本工作过程为：读写器通过发射天线发送一定频率的射频信号，当RFID进入发射天线工作区域时产生感应电流，标签获得能量被激活，将自身编码等信息通过内置发送天线发送出去，系统接收天线接收到标签发送来的载波信号，经天线调节器传送到读写器，读写器对接收的信号进行解调和解码，然后送到后台主系统进行相关处理；主系统根据逻辑运算判断该标签的合法性，针对不同的设定做出相应的处理和控制，发出指令信号控制执行机构动作。

标签和读写器通信的方式和能量感应方式有电感耦合和电磁反向散射耦合两种。

1.电感耦合

电感耦合方式也称磁耦合，一般适用于中低频的近距离RFID系统，典型的工作频率有：125 kHz、225 kHz和13.56 MHz，识别作用距离小于1 m，典型作用距离为10 ~ 20 cm。这种近距离的电感耦合系统通过空间高频交变磁场实现耦合，依据的是电磁感应定律。在电感耦合方式中，阅读器将射频能量束缚在阅读器电感线圈的周围，通过交变闭合的线圈磁场，沟通阅读器线圈与射频标签线圈之间的射频通道，没有向空间辐射电磁能量。

2.电磁耦合

电磁耦合方式中阅读器将射频能量以电磁波的形式发送出去。电磁反向散射耦合采用雷达原理模型，读写器发射出去的电磁波碰到目标后一部分被目标吸收，一部分以不同的强度散射到各个方向，其中一小部分携带目标信息反射回发射天线，并被天线吸收（读写器的发射天线也是接收天线），对接收信号进行处理和放大，即可获得目标的相关信息。

2.3.4 RFID系统的工作频率

对一个RFID系统来说，它的频段概念是指读写器通过天线发送、接收并识读的标签信号频率范围，也就是所传输数据的载波频率范围。从应用角度来说，射频标签的工作频率也就是射频识别系统的工作频段，它直接决定系统应用的各方面特性，如系统工作原理（电感耦合还是电磁耦合）、识别距离、射频标签及读写器实现的难易程度和设备成本等方面特性。在RFID系统中，系统工作就像我们平时收听调频广播一样，射频标签和读写器也要调制到相同的频率才能工作。

1.低频RFID

低频（LF）工作频率范围为30 kHz ~ 300 kHz。典型工作频率有125 kHz、133 kHz。主要是通过电感耦合的方式进行工作，一般为无源标签。低频标签的阅读距离一般情况下小于1 m。与低频标签相关的国际标准有：ISO11784/11785（用于动物识别）、ISO18000-2（125～135 kHz）。

低频标签的主要优势：标签芯片一般采用普通的CMOS工艺，具有省电、廉价的特点；工作频率不受无线电频率管制约束；可以穿透水、有机组织、木材等，其标签靠近金属或液体时标签受到的影响较小；同时低频系统非常成熟，读写设备的价格低廉。非常适合近距离的、低速度的、数据量要求较少的识别应用。

低频标签的劣势：标签存储数据量较少，一般的存储容量在128～512位；读取距离短；无法同时进行多标签读取(抗冲突)；与高频标签相比，由于其谐振频率低，标签需要制作电感值很大的绕线电感，并常常需要封装片外谐振电容，其标签的成本反而比其他频段高。

低频标签的典型应用：门禁系统、动物识别、汽车防盗器和玩具等。

2.高频RFID

高频（HF）频率范围为3～30MHz，RFID典型工作频率为13.56 MHz，该频率的波长为22 m，通信距离一般也小于1 m。该频率的标签不再需要线圈进行绕制，可以通过腐蚀活字印刷的方式制作标签内的天线。采用电感耦合的方式从读写器辐射场获取能量。与高频标签相关的国际标准有：ISO/IEC14443、ISO/IEC15693、ISO18000-3（13.56 MHz）。

同低频一样，该频率在全球都得到认可，没有特殊的限制。除了金属材料外，该频率的波长可以穿过大多数的材料，但是往往会降低读取距离；虽然该频率的磁场区域下降很快，但是能够产生相对均匀的读写区域；该系统具有防冲撞特性（各个国际标准都有成熟的抗冲突机制），可以同时读取多个电子标签，可以把某些数据信息写入标签中；数据传输速率比低频要快，价格也相对便宜。

该频率的产品最丰富，存储容量从 128 位到8 K 以上字节都有，而且可以支持很高的安全特性，从最简单的写锁定，到流加密，甚至是加密协处理器都有集成。一般应用于身份识别、图书馆管理、固定资产管理、产品管理等。对于安全性要求较高的RFID 应用，目前该频段是唯一选择。

3.超高频RFID

使用的频段范围为400 MHz～1 GHz，常见的主要规格有433 MHz、868～950 MHz。在该频段，全球的定义不是很相同；欧洲和部分亚洲定义的频率为868 MHz，北美定义的频段为902～905 MHz，在日本建议的频段为950～956 MHz。

该频段RFID通过电磁波方式进行能量和信息的传输。读写器一般安装定向天线，只有在读写器定向天线波速范围内的标签才可被读写。标签内的天线一般是长条和标签状，可采用蚀刻或印刷的方式制造，成本相对较低。

主动式和被动式的应用在这个频段都很常见，被动式标签读取距离约3～10 m，传输速率较快，一般也可以达到100 kbit/s左右，可以同时进行大数量标签的读取与辨识，因此特别适用于物流和供应链管理等领域（供应链管理、生产线自动化、铁路和航空包裹管理、集装箱管理、后勤管理系统等）。

超高频频段的电波不能通过许多材料，特别是水、灰尘、雾等悬浮颗粒物质。在金属与液体上的应用较不理想。同时，系统还不成熟，读写设备的价格非常昂贵，应用和维护的成本也很高。此外，该频段的安全性特性一般，不适合安全性要求高的应用领域。

4.微波段RFID

微波（Microwave）使用的频段范围为1 GHz以上，常见的规格有2.45 GHz、5.8 GHz。微波频段的特性与应用和超高频段相似，识别距离介于高频和甚高频系统之间，但是对于环境的敏感性较高。这个频段的优势在于其受各种强电磁场（如电动机、焊接系统等）的干扰较小，由于其频率高于超高频，标签的尺寸可以做得比超高频更小，但是成本较高。一般应用于行李追踪、物品管理、供应链管理等。

2.4　RFID标签读写实验

2.4.1　RFID实验系统简介

本书以CVT-RFID-II无线射频识别（物联网）教学实验系统为例，开展RFID系统的基础实验。该系统融合了目前RFID的典型工作频率：125 kHz、13.56 MHz、900 MHz，其中13.56 MHz频率针对ISO14443和ISO15693两种不同的协议，分别进行硬件设计，特别是ISO15693部分，采用类似模拟分立元件的设计方法，还原了RFID射频信号的整个工作过程，通过这部分的学习，可以更加深入了解RFID的工作原理和通信协议。系统包括ID、ISO/IEC14443、ISO/IEC15693、ISO/IEC18000-3、ISO/IEC18000-6、ZigBee等六个协议，无线传感部分能够对RFID的读取进行无线控制，对数据进行无线传输。系统采用软件自动选择进行模块搭配，实现多个模块同时工作。

CVT-RFID-II教学实验系统如图2-4-1所示。

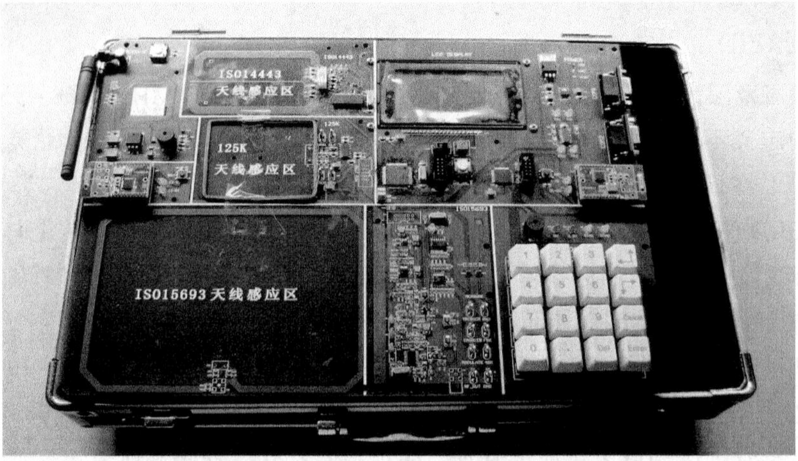

图2-4-1　CVT-RFID-II教学实验系统

整个实验系统主要由以下几部分组成：

（1）主处理器

采用ATMEL的高性能AVR单片机，主要处理RFID标签的读写操作、ZigBee模块的数据传输、键盘和显示电路的处理，以及和上位机的通信。系统有标准JTAG接口和ISP下载接口，方便程序的调试和下载。

（2）CPLD

采用ALTERA的MAX系列CPLD，完成系统和上位机通信串口的切换工作，另外，还挂接了键盘的行信号ROW0 ~ ROW3。

（3）125 kHz RFID

采用瑞士EM MICROELECTRONIC的低频RFID处理芯片，完成对125 kHz标签的自动寻卡、读写操作等。

（4）ISO14443 RFID

采用PHILIPS的高频RFID处理芯片，工作频率为13.56 MHz，完成对ISO14443标签的寻卡、防冲突、选择卡、密码下载和校验、修改密码和读写操作等。

（5）ISO15693 RFID

采用模拟分立元件的设计方法，使RFID读写器的内部结构更加清晰，工作频率为13.56 MHz，可以完成对ISO15693标签的寻卡、防冲突、选择卡、密码下载和校验、修改密码和读写操作等。

（6）900 MHz RFID

采用模块化的接口设计，增强超高频RFID的抗干扰性。完成对900 MHz标签的寻卡、读写操作等。

（7）ZigBee无线通信部分

采用TI的无线通信单片机，系统有2个ZigBee模块，可以实现相互之间数据的无线透传。

（8）键盘和显示部分

键盘采用4 × 4矩阵键盘，其中列信号线COL0 ~ COL3连接到主处理器上，考虑到主处理器IO口不够，所以行信号线ROW0 ~ ROW3挂接在CPLD上；显示屏采用128 × 64的点阵屏，所以口线均连接到主处理器上。

2.4.2　低频125 kHz RFID标签卡读写

1.实验目的和要求

熟悉CVT-RFID教学实验箱和CVT-RFID综合实验平台的基本操作，掌握125 kHz低频卡（包括只读卡和可读写卡）的特点、数据存储结构，了解125 kHz低频卡读写过程及其基本工作原理以及应用要求。

2.实验设备

硬件：CVT-RFID教学实验箱，PC。

软件：PC操作系统Windows 7，CVT-RFID综合实验平台环境。

3.实验内容

①认知125 kHz只读卡。

②使用CVT-RFIDI综合实验平台识别125 kHz只读卡卡号，观察只读卡读卡的过程。

③认知125 kHz读写卡，使用CVT-RFID综合实验平台对125 kHz读写卡进行数据读写操作，观察读写卡读数据和写数据的过程及结果。

4.实验原理

本实验系统采用低频RFID的CMOS集成收发器电路基站芯片，有以下功能和特点：

①100 ~ 150 kHz 载波频率范围。

②利用载波驱动天线集成的锁相环系统，以实现用自适应载波频率来匹配天线谐振频率。

③用于可读写应答器的AM调制磁场。对从天线传输来的应答器的调制信号进行AM解调。

④和微处理器通过串行接口通信。

⑤无须外部晶振。

⑥睡眠模式电流低至1 μ A。

具体工作原理是：通过外部线圈及内部集成的电容一起组成谐振电路，从连续的125 kHz磁场中获取能量启动。芯片从内部的EEPROM中读出数据，并通过和线圈并联的负载的开断产生深幅调制，将数据发送出去。通过对125 kHz磁场的100%幅度调制，可以执行各种命令和更新EEPROM中的数据。125 kHz RFID硬件原理框图如图2-4-2所示。

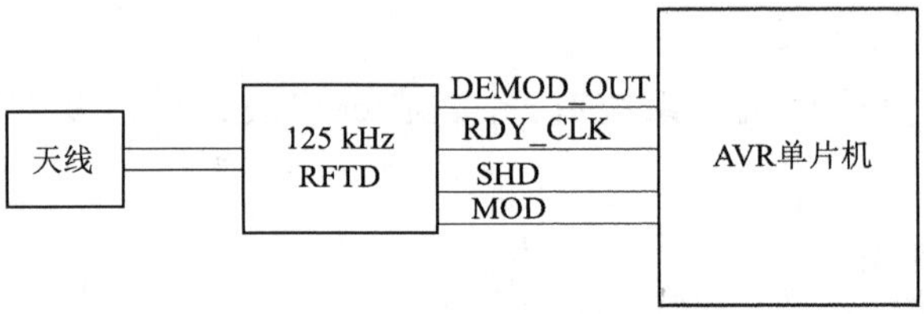

图2-4-2　125 kHz RFID硬件原理框图

本书实验中用到的125 kHz ID卡分只读卡和可读可写卡两种，这里我们对这两种卡的主要特性及存储器结构做简单介绍。

（1）ID只读卡

本实验用的只读卡的主要特性：

①64位EEPROM。

②多种编码（Manchester，Bi-phase，miller，PSK，FSK）。

③多种速率。

④工作频率范围为100 ~ 150 kHz。

⑤工作温度为-40～85℃。

只读卡存储器为64位的EEPROM，由5个部分组成，其中9位用作数据头（全1），数据头后紧接着10组4位的数据，每4位数据跟着1位奇偶校验位，最后一行由4位奇偶校验位和1位停止位（停止位规定为0）组成，详细结构如表2-4-1所示：

表2-4-1　125 kHz只读ID卡存储器组成结构

<table>
<tr><td>1</td><td>1</td><td>1</td><td>1</td><td>1</td><td>1</td><td>1</td><td>1</td><td>1</td><td>9 header bits</td></tr>
<tr><td colspan="4" rowspan="2">8 version bits or customer ID</td><td>D00</td><td>D01</td><td>D02</td><td>D03</td><td>P0</td><td rowspan="10">10 line parity bits
（P0～P9）</td></tr>
<tr><td>D10</td><td>D11</td><td>D12</td><td>D13</td><td>P1</td></tr>
<tr><td colspan="4" rowspan="8">32 data bits</td><td>D20</td><td>D21</td><td>D22</td><td>D23</td><td>P2</td></tr>
<tr><td>D30</td><td>D31</td><td>D32</td><td>D33</td><td>P3</td></tr>
<tr><td>D40</td><td>D41</td><td>D42</td><td>D43</td><td>P4</td></tr>
<tr><td>D50</td><td>D51</td><td>D52</td><td>D53</td><td>P5</td></tr>
<tr><td>D60</td><td>D61</td><td>D62</td><td>D63</td><td>P6</td></tr>
<tr><td>D70</td><td>D71</td><td>D72</td><td>D73</td><td>P7</td></tr>
<tr><td>D80</td><td>D81</td><td>D82</td><td>D83</td><td>P8</td></tr>
<tr><td>D90</td><td>D91</td><td>D92</td><td>D93</td><td>P9</td></tr>
<tr><td colspan="4">4 column parity bits</td><td>PC0</td><td>PC1</td><td>PC2</td><td>PC3</td><td>S0</td><td>1 stop bit set to logic 0</td></tr>
</table>

（2）可读写卡

本实验用的可读写卡的主要特征：

①16个32位的数据块组成512位EEPROM。

②32位密码读写保护。

③32位唯一的ID码。

④10位客户码。

⑤锁定位可以将EEPROM的数据块变成只读模式。

⑥多种编码（Manchester，Bi-phase，miller，PSK，FSK）。

⑦多种速率。

⑧工作频率范围为100～150 kHz。

⑨工作温度为-40～85℃。

可读写卡存储器为512位的EEPROM，由16个32位的数据块组成，EEPROM的块被编号成0～15，每块的位被编号为位0～位31。访问总是从LSB开始的。这32 bit的EEPROM字段，是以一个字段的写命令编程的。开始的两个块是被芯片制造商规划安排的只读块（块0和块1）。它们被分别写入有该芯片的类型、版本、客户码和唯一序列号（UID），再往下的3个块（块2到块4），用来定义器件的操作选项，分别为密码字段、保护字段和配置字段。块5～块15是用户可以自由使用的空间。详细结构如表2-4-2所示。

表2-4-2　125 kHz可读写ID卡存储器组成结构

地址编号	描述	类型	B0 ················ B31
0	芯片类型/谐振电容/用户代码	只读	Ct0 ·············· Ct31
1	序列号UID	只读	Uid0··············Uid31
2	密码	只写	Ps0 ·············· Ps31
3	保护字段	OTP	Pr0 ·············· Pr31
4	配置字段	读写	Co0 ·············· C031
5	用户空间	读写	Us0 ·············· Us31
6	用户空间	读写	Us0 ·············· Us31
7	用户空间	读写	Us0 ·············· Us31
8	用户空间	读写	Us0 ·············· Us31
9	用户空间	读写	Us0 ·············· Us31
10	用户空间	读写	Us0 ·············· Us31
11	用户空间	读写	Us0 ·············· Us31
12	用户空间	读写	Us0 ·············· Us31
13	用户空间	读写	Us0 ·············· Us31
14	用户空间	读写	Us0 ·············· Us31
15	用户空间	读写	Us0 ·············· Us31

注：OTP表示该字段可以一次性编程写入数据，写入后的数据不能再更改。

5.实验步骤

①打开实验箱，观察试验箱的设备构成（参见实验系统简介）。

②打开CVT-RFID综合实验平台软件，观察和熟悉实验软件界面，如图2-4-3所示。

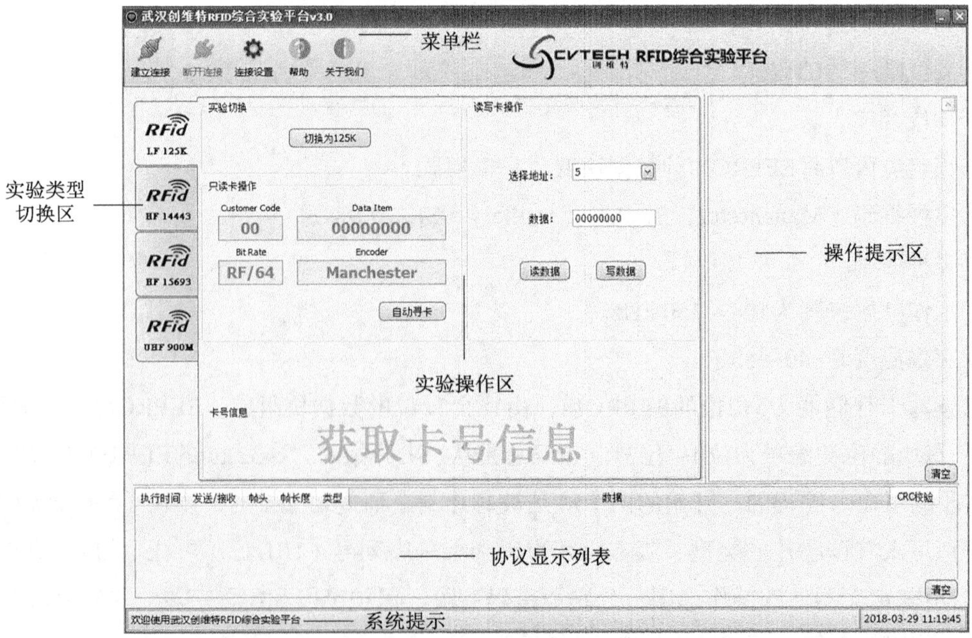

图2-4-3　CVT-RFID实验平台主界面

③将通信串口线一头连接到实验箱COM1上，一头连接到PC串口，然后给实验箱通电。

④打开RFID综合实验平台软件，选择菜单栏中的连接设置，弹出设置对话框，进行串口设置。如果直接使用PC串口1，选择COM1（如果使用USB转串口或其他方式，请选择相应串口），通信波特率设为9 600bit/s，如图2-4-4所示，单击菜单栏上的建立连接。

图2-4-4 连接设置界面

注：下拉菜单中查看计算机可用的串口号，并选择。不同实验计算机可用串口号可能会有所不同。

⑤选择实验类型为LF125k，单击切换为125k。

⑥把125k只读卡放到试验箱相对应的天线感应区，单击只读卡操作中的“自动寻卡”按钮，程序会不停地向125 kHz模块发送寻卡命令。将125k只读卡放到125k天线附近，当125 kHz模块读到有只读卡时，只读卡操作面板上会出现卡号显示。

⑦观察读到的卡号，如图2-4-5所示，记录实验结果。

⑧关闭自动寻卡。

⑨将125k可读写卡放到125k天线附近，在选择地址下拉菜单中选择一个地址，单击可读写卡操作中的“读数据”按钮，观察读到数据。地址5～地址15是可读可写区，可以选择这些地址，进行写数据实验。选择地址5，先读取该地址数据，然后在数据栏里把‘00000000’改成‘12345678’，单击“写数据”按钮，提示栏里会提示写入数据完成，再单击“读数据”按钮，查看地址5的数据写入是否成功，如图2-4-6所示。

⑩选择不同的地址，进行读写数据操作。

⑪记录操作过程与实验结果。

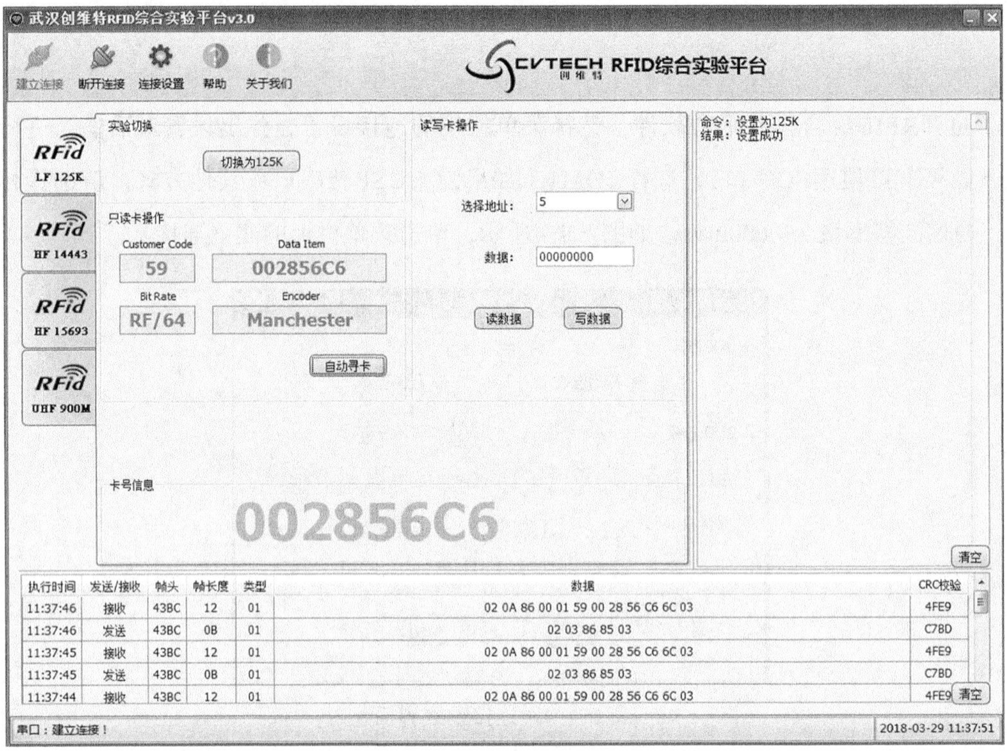

图2-4-5　LF125K读卡界面

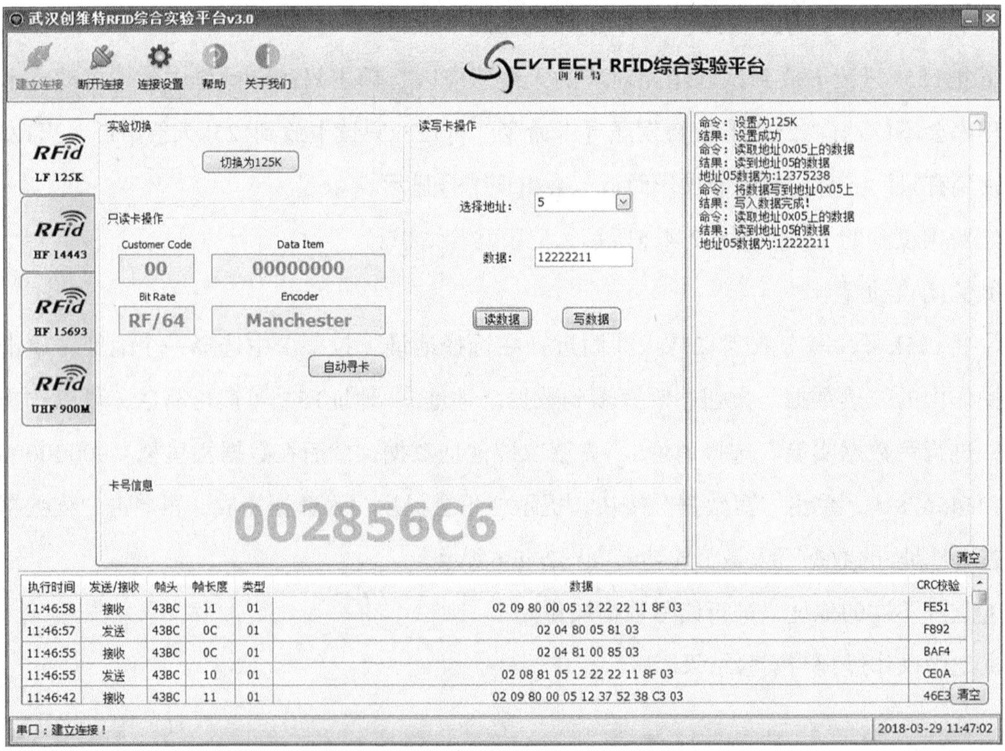

图2-4-6　LF125K写卡界面

2.4.3 高频13.56 MHz标签卡读写

1.实验目的和要求

熟悉CVT-RFID教学实验箱和CVT-RFID综合实验平台的基本操作，掌握高频13.56 MHz系统的特点、数据存储结构，了解13.56 MHz ISO14443标签读写过程及其基本工作原理以及应用要求。

2.实验设备

硬件：CVT-RFID教学实验箱，PC。

软件：PC操作系统Windows 7，CVT-RFID综合实验平台环境。

3.实验内容

①认知实验用的Mifare one卡。

②使用CVT-RFID综合实验平台对Mifare one卡进行寻卡操作。

③进行ISO14443标签密码下载、校验。

④进行ISO14443数据块的读写操作。

4.实验原理

ISO14443为超短距离智慧卡标准。该标准制定出读取距离7 ~ 15 cm的短距离非接触智慧卡的功能及运作标准，使用的频率为13.56 MHz。ISO14443定义了TYPE A、TYPE B两种类型协议，通信速率为106 kbit/s，它们的不同主要在于载波的调制深度及位的编码方式。TYPE A采用开关键控（On-Off keying）的Manchester编码，TYPE B采用NRZ-L的BPSK编码。TYPE B与TYPE A相比，具有传输能量不中断、速率更高、抗干扰能力强的优点。RFID的核心是防冲突技术，ISO14443-3规定了TYPEA和TYPE B的防冲突机制，二者防冲突机制的原理不同，前者是基于位冲突检测协议，而TYPE B通过系列命令序列完成防冲突。目前的第二代电子身份证采用的标准是ISO14443 TYPE B协议。

本书中的13.56 MHz ISO14443实验系统硬件采用高频RFID的CMOS集成收发器电路基站芯片，该读卡IC利用了先进的调制和解调概念，完全集成了在13.56 MHz下所有类型的被动非接触式通信方式和协议，支持ISO14443的多层应用。内部的发送器部分不需要增加有源电路就能够直接驱动近操作距离的天线（可达100 mm）。接收器部分提供一个坚固而有效的解调和解码电路，用于ISO14443兼容的应答器信号。数字部分处理ISO14443帧和错误检测（奇偶&CRC）。此外，它还支持快速CRYPTO1加密算法，用于验证MIFARE系列产品。该实验系统有以下功能和特点:

①高集成度的调制解调电路。

②缓冲输出驱动器使用最少数目的外部元件连接到天线。

③最大工作距离100 mm。

④支持ISO 14443 TypeA协议的-1 ~ -4部分和Mifare&reg。

⑤采用Crypto1加密算法并含有安全的非易失性内部密匙存储器。

⑥并行微处理器接口带有内部地址锁存和中断请求线。

⑦自动检测微处理器并行接口类型。

⑧灵活的中断处理。

⑨64 B发送和接收FIFO缓冲区。

⑩带低功耗的硬件复位。

⑪可编程定时器。

⑫唯一的序列号。

⑬用户可编程初始化配置。

⑭面向位和字节的帧结构。

⑮支持防碰撞操作。

⑯数字、模拟和发送器部分经独立的引脚分别供电。

⑰内部振荡器缓存器连接13.56 MHz石英晶体。

⑱在短距离应用中，发送器（天线驱动）可以用3.3 V供电。

ISO14443硬件系统原理功能如图2-4-7所示。

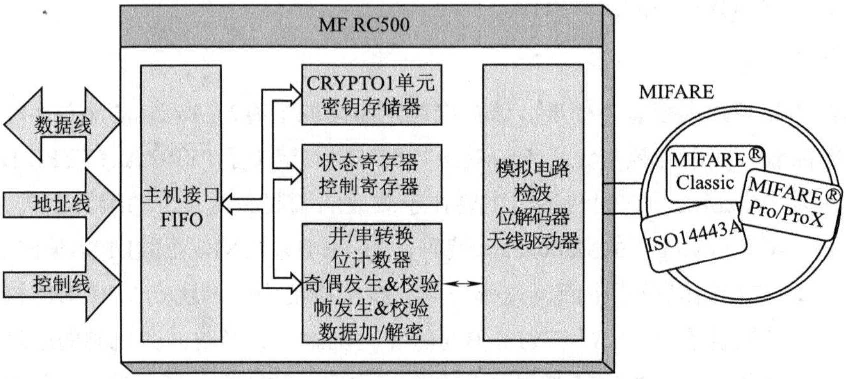

图2-4-7　ISO14443硬件系统原理功能框图

系统读写工作原理：读写器向M1卡发一组固定频率的电磁波，卡片内有一个LC串联谐振电路，其频率与讯写器发射的频率相同，在电磁波的激励下，LC谐振电路产生共振，从而使电容内有了电荷，在这个电容的另一端，接有一个单向导通的电子泵，将电容内的电荷送到另一个电容内储存，当所积累的电荷达到2 V时，此电容可作为电源为其他电路提供工作电压，将卡内数据发射出去或接取读写器的数据。

系统13.56 MHz ISO14443实验使用的M1（Mifare one）卡的主要指标：

①容量为8 K位EEPROM。

②分为16个扇区，每个扇区为4块，每块16 B，以块为存取单位。

③每个扇区有独立的一组密码及访问控制。

④每张卡有唯一序列号，为32位。

⑤具有防冲突机制，支持多卡操作。

⑥无电源，自带天线，内含加密控制逻辑和通信逻辑电路。

⑦数据保存期为10年，可改写10万次，读无限次。

⑧工作温度：-20～50℃（温度为90%），PET材料封装的M1卡，温度可达100℃。

⑨工作频率：13.56 MHz。

⑩通信速率：106 kbit/s

M1卡的存储结构如图2-4-8所示。

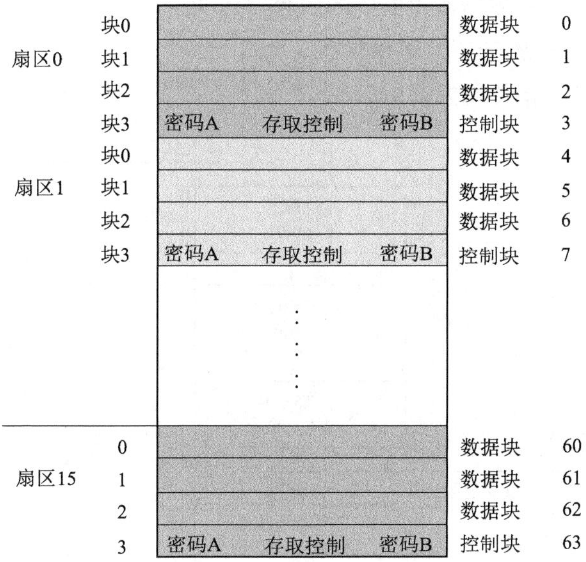

图2-4-8　M1卡的存储结构

M1卡分为16个扇区，每个扇区由4块（块0、块1、块2、块3）组成。第0扇区的块0（即绝对地址0块）用于存放厂商代码，已经固化，不可更改。每个扇区的块0、块1、块2为数据块，可用于存储数据。每个扇区的块3为控制块，包括了密码A、存取控制、密码B。每个扇区的密码和存取控制都是独立的，可以根据实际需要设定各自的密码及存取控制。

M1射频卡读写的基本过程如下：

（1）复位应答

M1射频卡的通信协议和通信波特率是定义好的，当有卡片进入读写器的操作范围时，读写器以特定的协议与它通信，从而确定该卡是否为M1射频卡，即验证卡片的卡型。

（2）防冲突机制

当有多张卡进入读写器操作范围时，防冲突机制会从其中选择一张进行操作，未选中的则处于空闲模式等待下一次选卡，该过程会返回被选卡的序列号。

（3）选择卡片

选择被选中的卡的序列号，并同时返回卡的容量代码。

（4）三次相互确认

选定要处理的卡片之后，读写器就确定要访问的扇区号，并对该扇区密码进行密码校验，在三次相互认证之后就可以通过加密流进行通信。（在选择另一扇区时，则必须进行另一扇区密码校验。）

（5）对数据块的操作

①读（Read）：读一个块。

②写（Write）：写一个块。

③加（Increment）：对数值块进行加值。

④减（Decrement）：对数值块进行减值。

⑤存储（Restore）：将块中的内容存到数据寄存器中。

⑥传输（Transfer）：将数据寄存器中的内容写入块中。

⑦中止（Halt）：将卡置于暂停工作状态。

M1卡与读写器间的通信如图2-4-9所示。

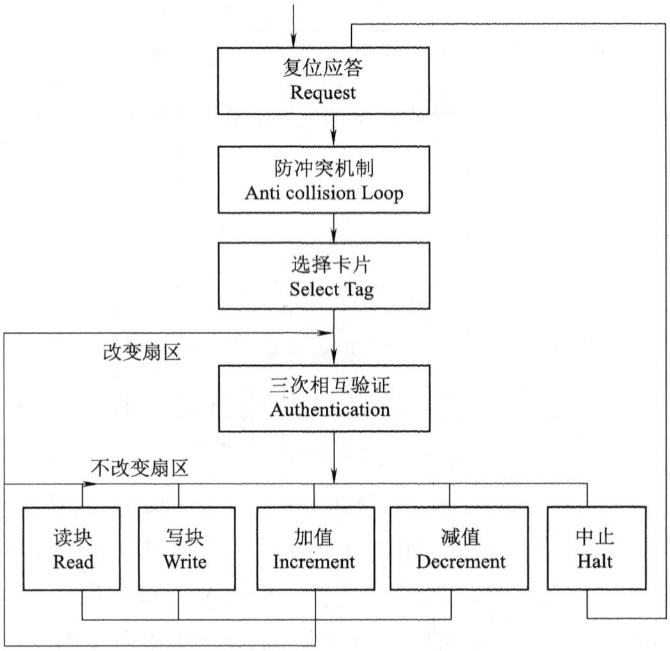

图2-4-9　M1卡与读写器间的通信

5.实验步骤

①打开实验箱，将通信串口线一头连接到实验箱COM1上，一头连接到PC串口，然后给实验箱通电。

②打开RFID综合实验平台软件，选择菜单栏中的连接设置，弹出设置对话框，进行串口设置。如果直接使用PC串口1，选择COM1（如果使用USB转串口或其他方式，请选择相应串口），通信波特率设为9 600 bit/s，单击菜单栏上的“建立连接”。

③选择实验类型为ISO14443，单击切换为14443。将HF14443标签放到ISO14443天线附近，单击寻卡操作中的“寻卡”按钮，观察结果。

④单击“防冲突”，然后单击“选择”，观察读到的卡号，如图2-4-10所示。

⑤在密码下载操作中，选择扇区0，密码A填写‘FFFFFFFFFFFF’（这是初始密码），依次单击下载密码A和校验按钮，观察实验结果。

⑥进行数据块读写，选择块0（块0属于只读区），单击“读取”按钮，观察读取的数据。

⑦选择块1，先单击“读取”按钮，然后在数据栏填入全1，再单击“写入”按钮。

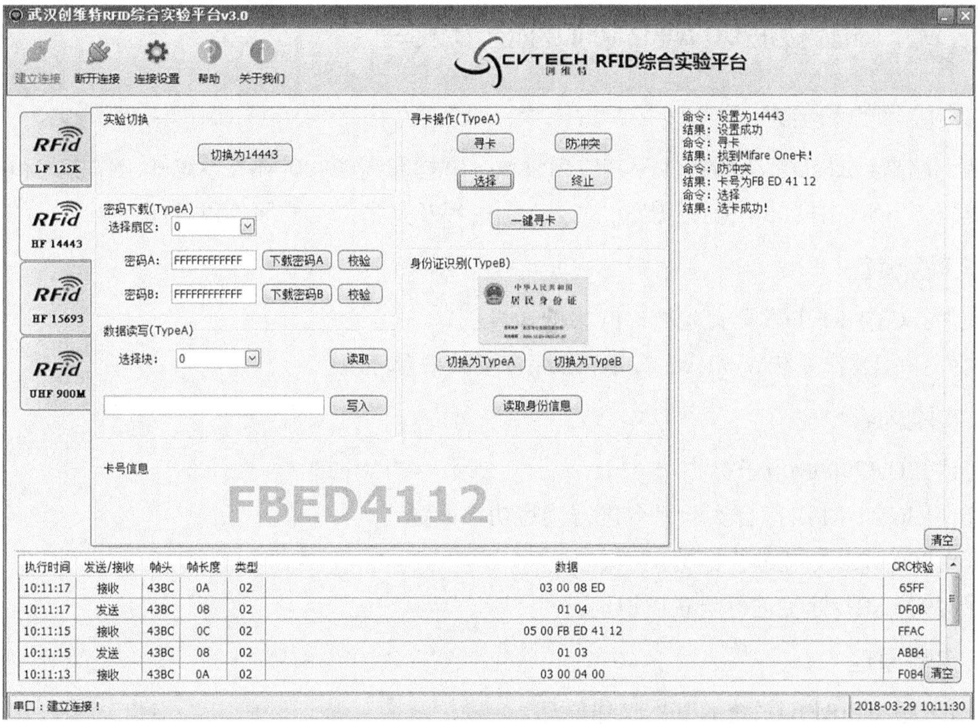

图2-4-10　ISO14443读卡界面

⑧再次单击“读取”按钮，查看数据块的数据是否更改成功，如图2-4-11所示。

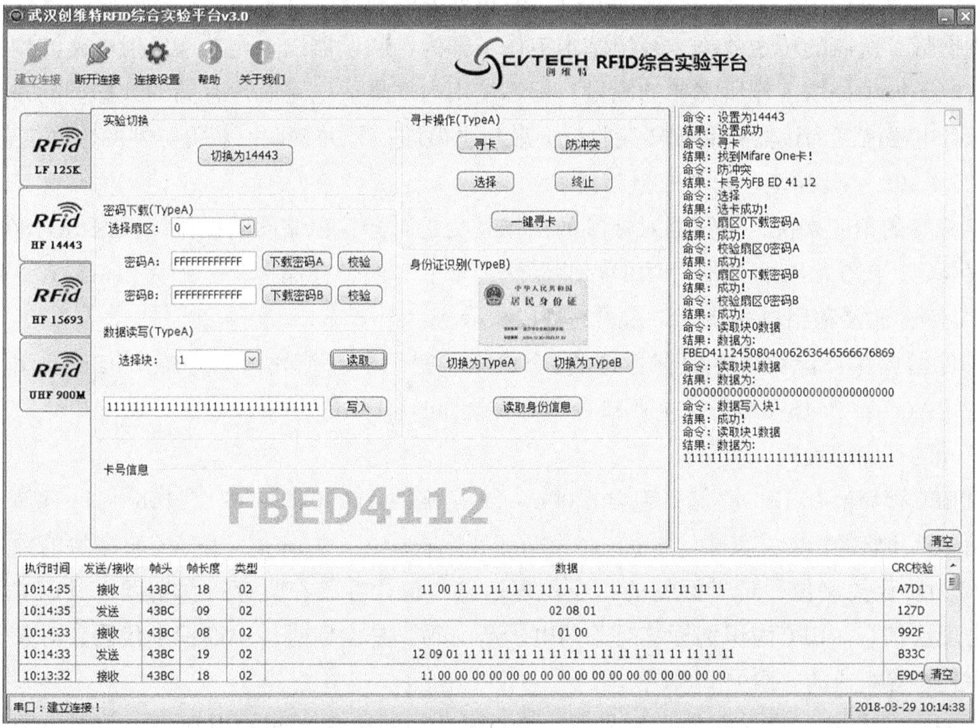

图2-4-11　ISO14443写卡界面

2.4.4 超高频900 MHz RFID标签卡读写

1.实验目的和要求

认识超高频RFID系统的特性及其应用领域，掌握超高频900 MHz系统的工作模式和标签存储器结构，了解UHF900M标签识别方式、识别过程及其基本工作原理以及应用要求。

2.实验设备

硬件：CVT-RFID教学实验箱，PC。

软件：PC操作系统Windows 7，RFID综合实验平台环境。

3.实验内容

①认知UHF900M电子标签。

②使用CVT-RFID综合实验平台进行读写功率设置。

③对900 MHz标签进行标签识别。

④对900 MHz标签进行防碰撞识别。

4.实验原理

（1）超高频RFID系统的基本工作原理

超高频RFID系统的基本工作原理是电子标签通过反向散射调制技术给读写器发送信息。反向散射技术是一种无缘RFID电子标签将数据发回读写器时所采用的通信方式。根据要发送的数据不同，通过控制电子标签的天线阻抗，使得反射的载波幅度发生微小的变化，这样发射的回波就携带了所需的传送数据。系统基本工作步骤为：阅读器以一定功率发射电磁波到标签；标签从电磁波中提取工作所需要的能量；标签使用内部集成电路芯片存储的数据调制并反向散射一部分电磁波到阅读器；阅读器接收反向散射电磁波信号并解调以获得标签的数据信息。

（2）900 MHz标签芯片中的存储器

从标签的角度来说，读写器对标签的操作其实是对标签存储器的操作。根据ISO18000-6标准协议规定，900 MHz标签芯片中的存储器从逻辑上为四个存储体，分别为保留内存、EPC存储器、TID存储器和用户存储器，如图2-4-12所示。

①保留内存：保留内存保存标签的2个口令（密码）：杀死口令（Kill Password）和访问口令（Access Password）。杀死口令应存储在00h～1Fn的存储地址内。访问口令应存储在20h～3Fn的存储地址内。

②EPC存储器： EPC存储器包含在00h～1Fn存储位置的CRC-16、在10h～1Fh存储地址的PC和在20h开始的EPC。其中，CRC-16为循环冗余校验位，16 bit，用于校验本块的数据完整性。PC为协议控制位，定义标签的相应物理信息，包含标签在盘存操作期间以其EPC反向散射的物理层信息。EPC为识别标签对象的电子产品码，是由标头、厂商识别代码、对象分类代码、序列号等组成的一组96 bit数字。

③TID存储器： 存储标签识别号码。TID码是不同标签之间的识别码，用于识别不同标签。TID码由工厂一次性写入，不可以变更，每张标签都有自己唯一的TID码。TID共96 bit，由

标签类型、IC厂商代号、IC型号代号和64 bit工厂唯一ID组成。

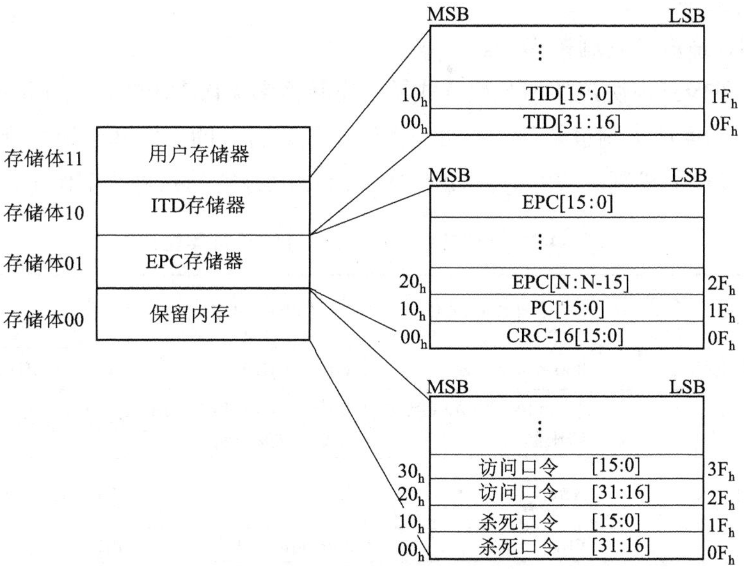

图2-4-12　900M标签内部存储结构

例如：TID数据如下：E2 003 412 0614141100734886，其中：

- E2：标签类型，E2表示标签符合EPC Class1 Gen2协议。
- 003：IC厂商代号，003是标签芯片厂商Alien的代码。
- 412：标签芯片型号代码，412表示的是芯片型号是Alien Higgs3。
- 0614141100734886：工厂编程唯一ID，64 bit。

④用户存储器：用户存储器允许存储用户指定数据。

（3）UHF900M RFID协议

UHF900M RFID应遵循ISO18000-6标准协议，ISO/IEC 18000-6定义了860 ~ 960 MHz的空中接口通信协议参数，规定了读写器与标签之间的物理接口、协议和命令以及防碰撞方法。它包含TypeA、TypeB和TypeC三种无源标签的接口协议，通信距离最远可以达到10 m。

Type A 协议的通信机制是基于一种“阅读器先发言”的，即基于阅读器的命令与应答器的回答之间交替发送的机制。整个通信中的数据信号定义为以下四种：“0”、“1”、“SOF”和“EOF”。通信中的数据信号的编码和调制方法定义为：阅读器到应答器之间的通信传输阅读器发送的数据采用ASK（调制载波幅度）进行调制，调制深度是30%（误差不超过3%）；数据编码采用脉冲宽度编码（PIE）来编码数据。即通过定义下降沿之间的不同宽度来表示不同数据信号。

应答器通过反向散射向阅读器传输信息；数据编码采用FMO编码，数据速率是40 kbit/s。

防冲突采用时隙ALOHA算法。

Type B协议和Type A协议在很多领域都是相似的：

阅读器到应答器之间的通信采用的调制方式也是ASK，而调制深度为30.5%或者100%；编码方式为FM0。

应答器到阅读器之间的传输采用反向散射的方式将调制的信息回传给阅读器，调制方式为ASK，编码方式为FM0。

防冲突采用自适应二进制树算法。

关于TypeA 和Type B 协议的指令帧格式及状态转换参见ISO/IEC18000-6标准文档。

Type C 协议的通信机制也是基于一种“阅读器先发言”的，即基于阅读器的命令与应答器的回答之间交替发送的机制。表2-4-3对ISO/IEC 18000-6标准的三种类型作了简单比较。

表2-4-3　ISO/IEC 18000-6标准的三种类型比

技术特征 \ 类型		TYPE A（CD）	TYPE B（CD）	TYPE C
读写器到标签	工作频段	860~960 MHz	860~960 MHz	860~960 MHz
	速率	33 kbit/s，由无线电政策限制	10 kbit/s或40 kbit/s，由无线电政策限制	26.7~128 kbit/s
	调制方式	ASK	ASK	DSB-ASK、SSB-ASK或P -ASK
	编码方式	PIE	Manchester	PIE
标签到读写器	副载波频率	未用	未用	40~640 kHz
	速率	40 kbit/s	40 kbit/s	FMO:40~640 kbit/s 子载频调制：5~320 kbit/s
	调制方式	ASK	ASK	由标签选择ASK和（或）PSK
	编码方式	FMO	FMO	FMO或者Miller调制子载频，由查询器选择
	唯一识别符长度	64 bit	64 bit	可变，最小16 bit，最大496 bit
防碰撞	算法	ALOHA	Adaptive binary tree	时隙随机反碰撞
	类型（概率或确定型）	概率	概率	概率

在技术性能和指标上，ISO/IEC 18000-6C比ISO/IEC 18000-6A 和ISO/IEC 18000-6B更加完善和先进，已为美国国防部和国际上大的物流厂商（如沃尔玛）所认可。值得注意的是，ISO/IEC的联合工作组又对ISO/IEC 18000-6C标准进行延伸，在其基础上制定了带传感器的半无源标签的通信协议标准（即I SO/IEC 18000-6D）。同时，联合工作组又提出了按ISO/IE C18000-6C的工作模式对ISO/IEC 18000-3进行修订的建议稿。

（4）900 MHz标签的功率设置

无源 UHF 读卡器工作的模式要求读卡器在接收信号的同时还要打开功放为标签提供能量，因此将会有一个强信号泄露到接收端。因此在天线驻波比比较差的情况下，随着输出功率增强，泄露到接收端的干扰信号也会增强，将会阻塞接收机。所以并不是功率越高读卡距离越远。根据天线驻波比的不同，最佳功率设置也会有所不同。根据实验室测得结果，在天线驻波比小于1.5的情况下，功率输出设置为26 dBm将会取得更好效果。如果天线的驻波比变得更差，应该适当减小输出功率。表2-4-4列出了不同天线驻波比情况下推荐的输出功率。

表2-4-4　天线驻波比VS输出功率表

天线驻波比	1 ~ 1.5	1.5 ~ 2.0	大于2.0
推荐的输出功率/dBm	26	23	小于20

注：用于设置读写器模块的输出功率，单位 dBm，有效值在10 ~ 30。当上位机与RMU900 读写器连接成功后，该功能才能进行操作。设定功率值后，RMU900 将该功率参数保存，重新上电后，RMU900 的默认输出功率为最后一次修改的功率值。

（5）900MHz标签的识别

标签识别有：单标签识别和防碰撞识别。

标签识别的命令按钮有：识别标签和韦根识别。

识别标签命令用于识别读写器通信范围内（以下简称为场内）的电子标签。该命令会启动识别循环，即单击命令后，识别标签一直循环，直到结束识别标签。可以选择是否启动防碰撞功能进行标签识别。

韦根识别命令用于识别单张电子标签，通过韦根接口输出数据，符合 wiegend-26 协议。

不启动防碰撞功能，也不启动循环识别标签。

5. 实验步骤

①打开实验箱，将通信串口线一头连接到实验箱COM1上，一头连接到PC串口，然后给实验箱通电。

②打开RFID综合实验平台软件，选择菜单栏中的连接设置，弹出设置对话框，进行串口设置。如果直接使用PC串口1，选择COM1（如果使用USB转串口或其他方式，请选择相应串口），通信波特率设为9 600 bit/s，单击菜单栏上的建立连接。

③选择实验类型为UHF900M，单击切换为UHF900M。

④将900M Hz标签放到900 MHz天线附近，在工作模式栏选择主动模式，在功率设置栏选择‘30’，单击“设置参数”按钮（实验中也可以选择其他的功率值进行设置）。

⑤观察实验结果900 MHz标签识别的卡号，如图2-4-13所示。

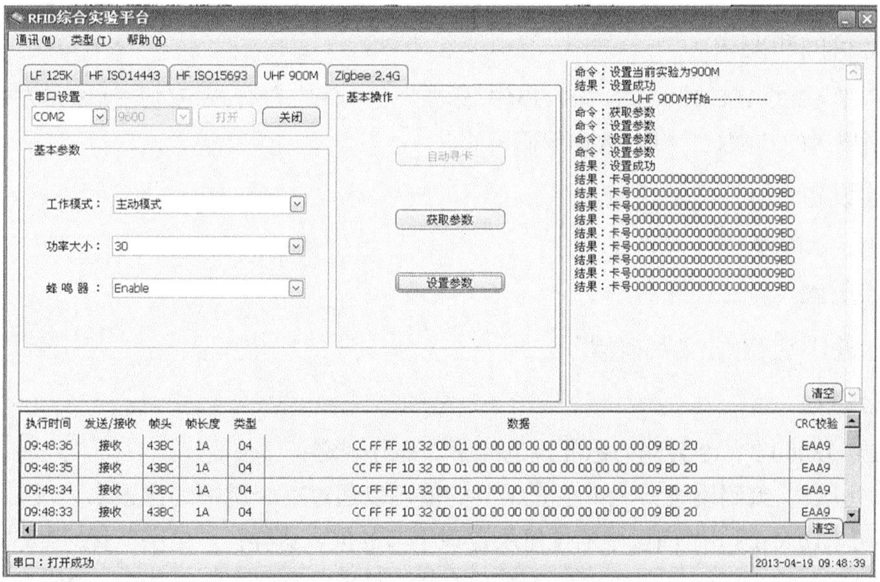

图2-4-13　UHF900M读卡界面

⑥在工作模式栏选择被动模式，在功率设置栏选择‘30’，单击参数设置按钮，再单击“读取参数”按钮，可查看刚才参数设置的情况。

⑦放两张900M RFID卡在天线附近，观察900 MHz标签防碰撞识别到两张卡的卡号，如图2-4-14所示。

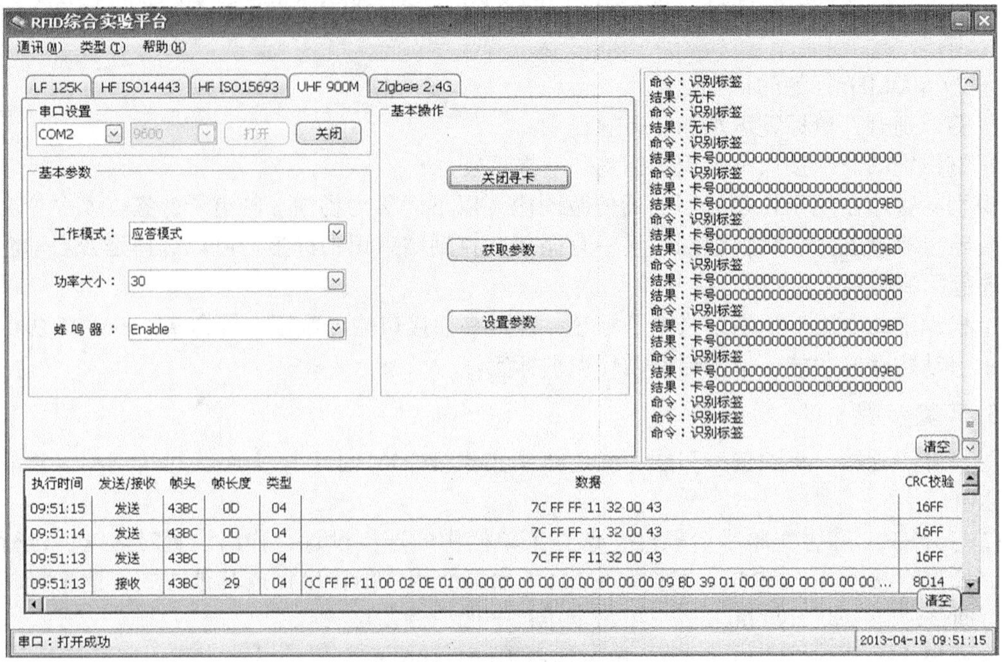

图2-4-14　UHF900M防碰撞读卡界面

2.4.5　ISO15693射频编码测量实验

1.实验目的和要求

熟悉和学习ISO/IEC 18000-3、ISO15693标准规范的第二部分规定的数据编码方式，掌握脉冲位置调制技术的256取1、4取1数据编码模式。

2.实验设备

实验箱、示波器。

3.实验内容

通过示波器观测输出的编码信号。

4.实验原理

ISO/IEC 18000-3、ISO15693标准规范的第二部分规定：

①“256取1”编码模式：一个独立字节的值可以通过一个脉冲的位置来表现，脉冲在256个连续256/f_c（18.8 μs）时间段中的位置决定该字节的值，这样，一个字节耗时4.833 ms，通信速率为1.65 kbit/s（f_c/8 192）。VCD发送的数据帧的最后字节要在EOF之前传输完毕。

脉冲发生在决定数值的时间段（18.8 μs）的后半段（9.44 μs）。

②“4中取1”编码：“4中取1”PPM模式用在同时传输两个位的情况。一个字节中连续的4个数据对，LSB先进行传输。数据传输率为26.48 kbit/s(f_c/512)。

5.实验步骤

①测试线连接。连接示波器：使用CH1探头，探头选用×10倍，地接到J20测试架，探针接到J21测试架。设置示波器：触发源选择CH1。

②操作。打开控制软件RFID综合实验平台，平台默认的实验为LF 125 kHz实验，所以要切换到HF ISO15693实验模式下，如图2-4-15所示。

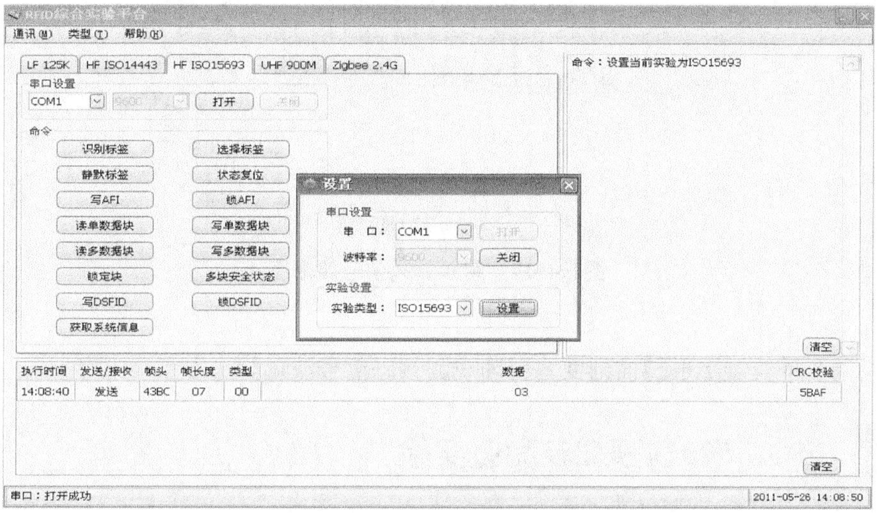

图2-4-15　设置ISO15693实验

设置好后，关闭设置对话框，打开串口设置，单击“识别标签”命令，单击“自动识别”，如图2-4-16所示。

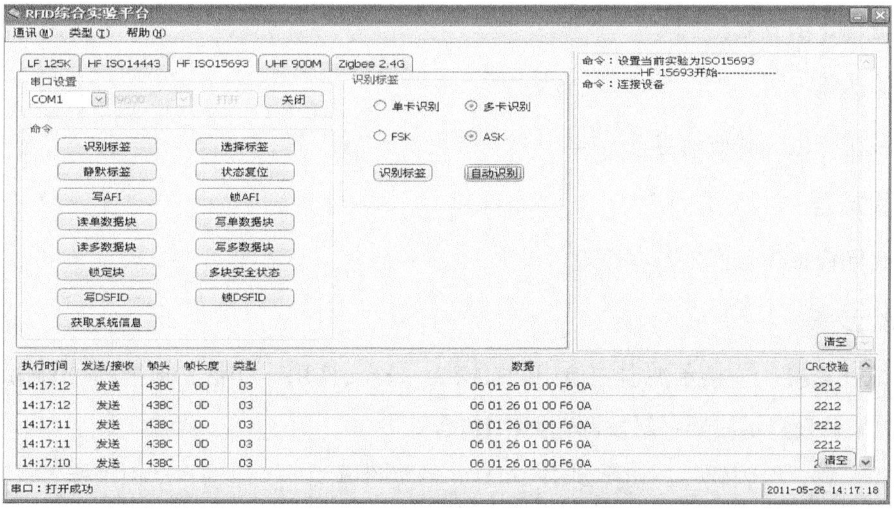

图2-4-16　ISO15693自动识别设置

设置好后，把ISO15693的卡放在对应的天线感应区内，这时软件会提示找到卡，并打印卡号。

③观测信号，大体如图2-4-17所示。

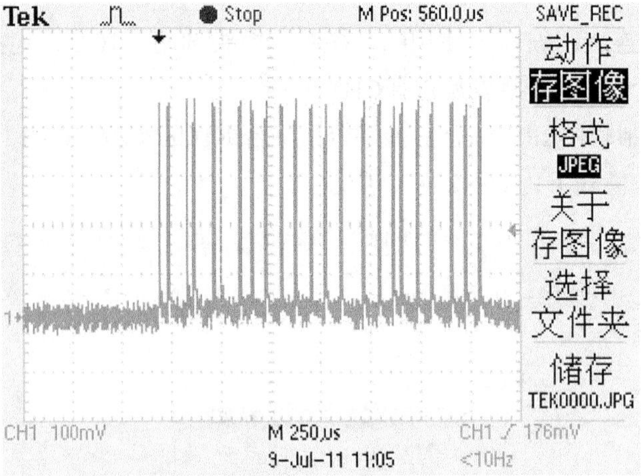

图2-4-17　射频编码信号波形图

可通过调节示波器水平扫描刻度，精确观测编码信号波形。

2.4.6　ISO15693射频载波测量实验

1.实验目的和要求

了解系统载波信号的产生部分原理、实现方法。

2.实验设备

供电电源、示波器。

3.实验内容

观测系统产生的载波信号。

4.实验原理

基于高频模拟信号产生基本原理。

5.实验步骤

①测试线连接。连接示波器：使用CH1探头，探头选用×10倍，地接到J20测试架，探针接到J8测试架。设置示波器：触发源选择CH1。

②操作。打开控制软件，切换到HF ISO15693实验模式下，启动自动识别标签。

③观测信号，如图2-4-18所示。

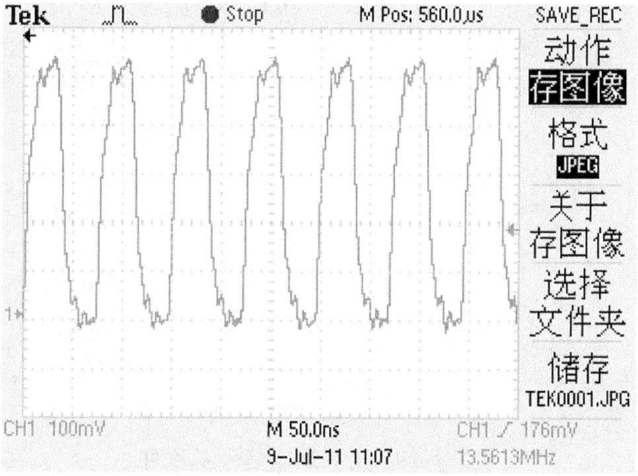

图2-4-18　射频载波信号图

2.4.7 ISO15693射频调制测量实验

1.实验目的和要求

熟悉和学习ISO/IEC 18000-3、ISO15693标准规范的第二部分规定的通信信号调制部分，掌握本标准的ASK调制技术。

2.实验设备

供电电源、示波器。

3.实验内容

通过示波器观测输出的调制信号。

4.实验原理

ISO/IEC 18000-3、ISO15693标准规范的第二部分规定：

VCD和VICC之间通信用ASK调制原理进行，两种调制指数：10%和100%。VICC均可解码，而VCD决定用哪种指数依靠VCD的选择。

5.实验步骤

①测试线连接。连接示波器：使用CH1 探头，探头选用×10倍，地接到J20测试架，探针接到J10测试架。设置示波器：触发源选择CH1。

②操作。打开控制软件，切换到HF ISO15693实验模式下，启动自动识别标签。

③观测调制信号，如图2-4-19所示。

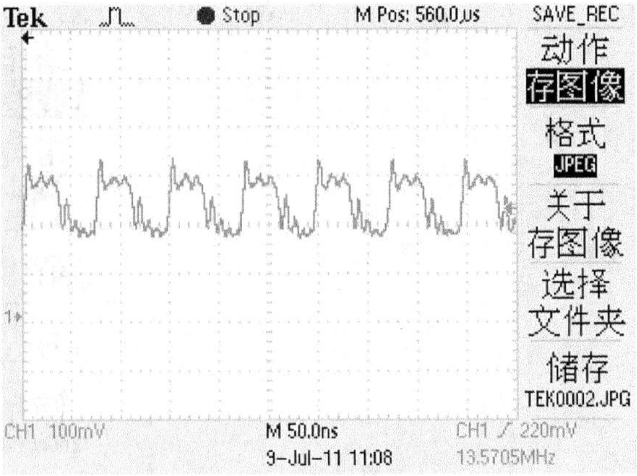

图2-4-19　射频调制信号波形图

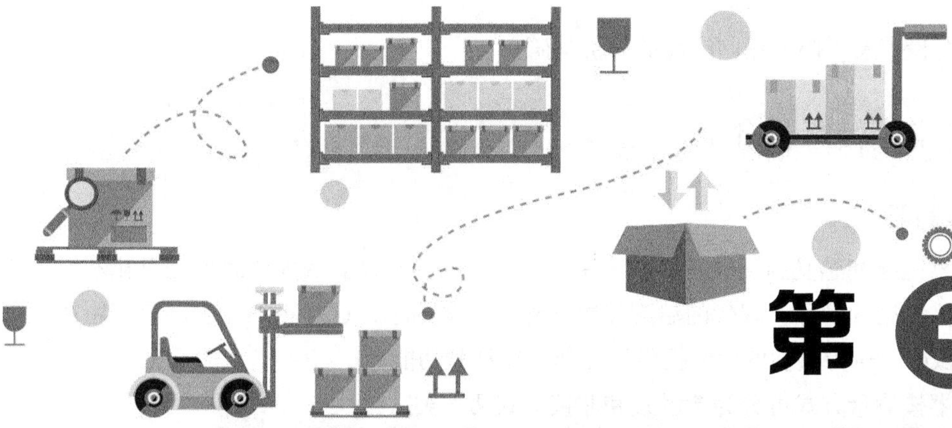

第③章 传感器与无线传感网实验

3.1 传感器技术

3.1.1 传感器的构成与分类

传感器是一种能把特定的被测量信息按一定规律转换成某种可用信号输出的器件或装置，以满足信息的传输、处理、记录、显示和控制等要求。

传感器由敏感元件、转换元件和基本转换电路构成。其中，敏感元件（Sensitive Element）是直接感受被测量，并输出与被测量成确定关系的某一物理量的元件。转换元件（Transduction Element）是传感器的核心元件，它以敏感元件的输出为输入，把感知的非电量转换为电信号输出。基本转换电路则是对敏感元件输出的电信号进行放大、阻抗匹配，以便于后续仪表接入。传感器的基本构成如图3-1-1所示。

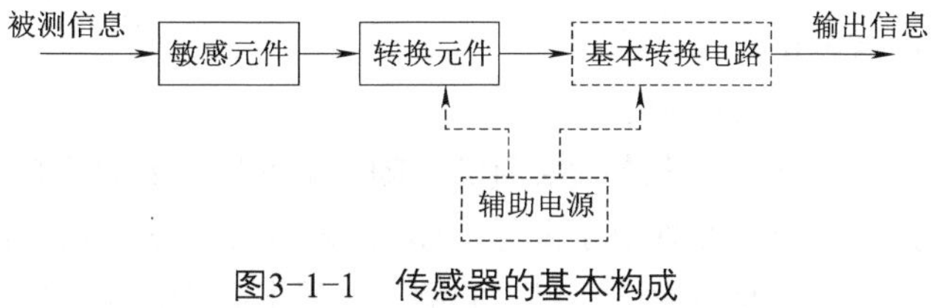

图3-1-1　传感器的基本构成

传感器的种类繁多，往往同一种被测量可以用不同类型的传感器来测量，而同一原理的传感器又可测量多种物理量，因此传感器有许多种分类方法。常用的分类方法有：

按被测量分类：①机械量，如位移、力、速度、加速度等；②热工量，如温度、热量、流量（速）、压力（差）、液位等；③物性参量，如浓度、黏度、比重、酸碱度等；④状态参量，如裂纹、缺陷、泄漏、磨损等。

按测量原理分类：按传感器的工作原理可分为电阻式、电感式、电容式、压电式、光电式、磁电式、光纤、激光、超声波等传感器。现有传感器的测量原理都是基于物理、化学和生物等各种效应和定律，这种分类方法便于从原理上认识输入与输出之间的变换关系，有利于专业人员从原理、设计及应用上作归纳性的分析与研究。

3.1.2 常用传感器介绍

1. 温度传感器

温度传感器是指能感受温度并转换成可用输出信号的传感器。温度传感器是五花八门的各种传感器中最为常用的一种，现代的温度传感器外形非常的小，这样更加让它广泛应用在生产实践的各个领域中，也为人们的生活提供了无数的便利和功能。

温度传感器按测量方式可分为接触式和非接触式两大类。

接触式温度传感器有：热电阻、热敏电阻、热电偶温度传感器，PN结温度传感器和集成温度传感器等。

非接触式温度传感器有：声学温度传感器、红外传感器、激光温度传感器、超声波温度传感器和微波传感器等。

（1）热电阻

热电阻的电阻值随温度的变化而变化。热电阻传感器有两大类：

①金属热电阻——俗称热电阻（热电阻传感器）；

②半导体热电阻——俗称热敏电阻（热敏电阻传感器）。

热电阻传感器由热电阻丝、绝缘骨架、引出线组成。其中电阻丝是热电阻的主体。热电阻材料主要有铂、铜和镍。目前，最广泛使用的热电阻有铜热电阻和铂热电阻。由于铂具有很好的稳定性和测量精度，故人们主要把它用于高精度的温度测量和标准测温装置。

（2）热敏电阻

热敏电阻是利用某种半导体材料的电阻率随温度变化而变化的性质制成的，是对温度特别敏感的阻抗体根据温度变化阻抗值也变化的半导体。热敏电阻是金属氧化物（Mn，Ni，Co等）在高温下烤出来的高品质陶瓷半导体，使用范围是 -50 ~ +500℃，不需要调节日常温度，适用于常温。因为形状小、特性稳定、高感应部件，所以一般用于家电及产业机械的温度感应器或温度补偿。

（3）热电偶

两种不同的导体A与B形成闭合回路，当两个接点温度不同时，回路将产生电势，该电势的方向和大小取决于两导体的材料及两接点之间的温度差，而与导体的粗细、长短无关。这种现象称为热电效应，组成的测量传感器称为热电偶。

虽说许多金属相互结合都会产生热电效应。但是能做成适于测温的实用热电偶者为数不多。目前常用的热电偶有铂-铂铑、镍铬-镍硅、镍铬-康铜等。热电偶能直接进行温度-电势转换，而且体积小，测温范围广。在电力、化工、石油等工业场合应用较普遍，广泛用来测量-200 ~ +1 300℃范围内的温度。

（4）PN结温度传感器

利用半导体PN结的温度特性可制成PN结温度传感器。其种类有：温敏二极管、温敏三极管、温控晶闸管等。PN结温度传感器的应用相当广泛，主要应用有以下三类：温度监测，包括对便携式电子设备、CPU、DSP补偿、电池温度及环境温度进行监测；温度补偿，包括热电偶冷端补偿和蜂窝电话中的振荡器漂移；温度控制，包括电池充电和工业过程控制。它与热敏电阻一样具有体积小、反应快的优点。此外，较之其他传感器，其突出优势是线性输出且价格低廉，在-55～150℃温度范围内，PN结温度传感器具有高精度和高线性度。不过由于PN结受耐热性能和特性范围的限制，只能用来测量150℃以下的温度。

（5）集成（IC）温度传感器

集成温度传感器是把温度传感器与后续的放大器等用集成化技术制作在同一基片上而成的，是集传感与放大为一体的功能器件。比如：美国模拟器件公司的AD590，这种传感器输出特性的线性关系好，测量精度也比较高，使用起来方便，越来越受到人们的重视。它的缺点是灵敏度较低。

2. 湿度传感器

湿敏元件是最简单的湿度传感器，主要有电阻式、电容式两大类。

湿敏电阻的特点是在基片上覆盖一层用感湿材料制成的膜，当空气中的水蒸气吸附在感湿膜上时，元件的电阻率和电阻值都发生变化，利用这一特性即可测量湿度。主要有：氯化锂湿度传感器、碳湿敏元件、氧化铝传感器和陶瓷湿敏传感器等。

湿敏电容一般是用高分子薄膜电容制成的，常用的高分子材料有聚苯乙烯、聚酰亚胺、酪酸醋酸纤维等。当环境湿度发生改变时，湿敏电容的介电常数发生变化，使其电容量也发生变化，其电容变化量与相对湿度成正比。

3. 光敏传感器

光敏传感器是把光信号转化成电信号的传感器件，检测的光源为可见光和不可见光（紫外、近红外等）。广泛应用于自动控制、产品计数、检测、安全报警等电路中，应用于太阳能草坪灯、光控小夜灯、照相机、监控器、光控玩具、声光控开关、摄像头、防盗钱包、光控音乐盒、生日音乐蜡烛、音乐杯、人体感应灯、人体感应开关等电子产品光自动控制领域。

主要类型：光敏电阻、光敏二极管、光电晶体管、集成光敏传感器、CCD（电荷耦合器件）、光纤传感器、太阳能电池等。

光敏传感器中最简单的电子器件是光敏电阻，它能感应光线的明暗变化，输出微弱的电信号，通过简单电子线路放大处理，可以控制LED灯具的自动开关。因此在自动控制、家用电器中得到广泛的应用，对于远程的照明灯具，例如在电视机中作亮度自动调节、照相机中作自动曝光，另外，也用于路灯、航标灯自动控制电路，卷带自停装置及防盗报警装置中等。

4. 热释电红外传感器

存在于自然界的物体，如人体、火焰、冰块等物都会发射红外线，但波长各不相同。人体温度为36～37℃，所发射的红外线波长为9～10μm，属远红外区；400～700℃的发热体，所放射出的红外线波长为3～5μm，属中红外区。热释电红外传感器不受白天黑夜的影响，可昼夜不停地用于监测，广泛地用于防盗报警。

传感器的敏感元件是用热释电人体红外材料（通常是锆钛酸铝）制成的，先把热释电材料制成很小的薄片，再在薄片两面镀上电极，构成两个串联的有极性的小电容器。热释电人体红外传感器在实际使用时，前面要安装透镜，通过透镜的外来红外辐射只会聚在一个敏感元上，以增强接收信号。热释电红外传感器的特点是它只在由于外界的辐射而引起它本身的温度变化时，才给出一个相应的电信号，当温度的变化趋于稳定后就再没有信号输出，所以说热释电信号与它本身的温度的变化率成正比，或者说热释电红外传感器只对运动的人体敏感，应用于当今探测人体移动报警电路中。

5. 振动传感器

振动传感器是一种能感受机械运动振动的参量（振动速度、频率，加速度等）并转换成可用输出信号的传感器。最常用的振动传感器按各自的工作原理可分为压电式、压阻式、电容式、电感式以及光电式等。

压电式传感器因为具有测量频率范围宽、量程大、体积小、质量小、对被测件的影响小以及安装使用方便等特点，所以成为最常用的振动测量传感器。对于某些电介质（石英晶体、钛酸钡、锆钛酸铅），当沿着一定方向对其施力而使它变形时，其内部就产生极化现象，同时在它的两个表面上便产生符号相反的电荷，当外力去掉后，又重新恢复到不带电状态，这种现象称压电效应。振动传感器就是利用压电效应制造的，在气压、液压、加速度监测，电子称重和报警等方面有着广泛应用。

6. 三轴加速度传感器

加速度传感器中有一种是三轴加速度传感器，同样的，它是基于加速度的基本原理去实现工作的，加速度是个空间矢量，一方面，要准确了解物体的运动状态，必须测得其三个坐标轴上的分量；另一方面，在预先不知道物体运动方向的场合下，需要应用三轴加速度传感器来检测加速度信号。三轴加速度传感器具有体积小和质量小的特点，可以测量空间加速度，能够全面准确反映物体的运动性质，在航空航天、机器人、汽车和医学等领域得到了广泛的应用。

目前的三轴加速度传感器大多采用压阻式、压电式和电容式工作原理，产生的加速度正比于电阻、电压和电容的变化，通过相应的放大和滤波电路进行采集。这个和普通的加速度传感器是基于同样的原理，所以在一定的技术上三个单轴就可以变成一个三轴。对于多数的传感器应用来看，两轴的加速度传感器已经能满足多数应用，但是有些方面的应用还是集中在三轴加速度传感器中，例如在数采设备、贵重资产监测、碰撞监测、测量建筑物振动、风机、风力涡轮机中应用。

7. 超声波传感器

机械振动在弹性介质内的传播称为波动，简称为波。人能听见声音的频率为20 Hz ~ 20 kHz，即为声波，超出此频率范围的声音，即20 Hz以下的声音称为次声波，20 kHz以上的声音称为超声波，一般说话的频率范围为100 Hz ~ 8 kHz。声波为直线传播方式，频率越高，绕射能力越弱，但反射能力越强。

超声波传感器是利用超声波的特性研制而成的传感器。超声波是一种振动频率高于声波的机械波，由换能晶片在电压的激励下发生振动产生的，它具有频率高、波长短、绕射现象小，特别是方向性好、能够成为射线而定向传播等特点。超声波对液体、固体的穿透本领很大，尤其是在不透明的固体中，它可穿透几十米的深度。超声波碰到杂质或分界面会产生显著反射形成反射回波，碰到活动物体能产生多普勒效应。因此，超声波检测广泛应用在工业、国防、生物医学等方面。以超声波作为检测手段，必须产生超声波和接收超声波。完成这种功能的装置就是超声波传感器，习惯上称为超声换能器，或者超声探头。

超声探头的核心是其塑料外套或者金属外套中的一块压电晶片。构成晶片的材料可以有许多种。晶片的大小，如直径和厚度也各不相同，因此每个探头的性能是不同的。

超声波传感器可以广泛应用在物位（液位）监测、机器人防撞、各种超声波接近开关，以及防盗报警等相关领域，工作可靠，安装方便，防水，发射夹角较小，灵敏度高，方便与工业显示仪表连接。

8. 气敏传感器

气敏传感器是一种检测特定气体的传感器。它将气体种类及其与浓度有关的信息转换成电信号，根据这些电信号的强弱就可以获得与待测气体在环境中的存在情况有关的信息，从而可以进行检测、监控、报警；还可以通过接口电路与计算机组成自动检测、控制和报警系统。

气敏传感器就是在压电晶体表面涂覆一层选择性吸附某气体的气敏薄膜，当该气敏薄膜与待测气体相互作用（化学作用或生物作用，或者是物理吸附），使得气敏薄膜的膜层质量和导电率发生变化时，引起压电晶体的声表面波频率发生漂移；气体浓度不同，膜层质量和导电率变化程度亦不同，即引起声表面波频率的变化也不同。通过测量声表面波频率的变化就可以获得准确的反应气体浓度的变化值。

气敏传感器主要包括半导体气敏传感器、接触燃烧式气敏传感器和电化学气敏传感器等，其中用得最多的是半导体气敏传感器，是以金属氧化物半导体为基础材料，当被测气体在该半导体表面吸附后，引起其电学特性（例如电导率）发生变化。

气敏传感器的应用主要有：一氧化碳气体的检测、瓦斯气体的检测、煤气的检测、氟利昂（R11、R12）的检测、呼气中乙醇的检测、人体口腔口臭的检测等。

9. 磁敏传感器

磁敏传感器是利用导体、半导体的磁电效应制成的，是能把磁场信号转换成电信号的传感器。磁敏传感器主要的作用是检测磁场信号，最大优点是非接触检测。根据材料不同，磁敏传感器主要有：磁敏电阻、磁敏晶体管、干簧管、霍尔传感器等。广泛应用于自动控制（速度、位移、转速等）、电磁测量（高斯计、电流检测等）、生物医学等领域。

干簧管是最简单的磁控机械开关，由带磁性和不带磁性的两个触点构成，在没有外加磁场作用时，这两个触点是断开（常开型）或接通（常闭型）的。在外加磁场的作用下闭合或断开。常应用于简易报警、保温、照明电路。

霍尔传感器：置于磁场中的静止载流导体，当它的电流方向与磁场方向不一致时，载流导体两个面之间产生电动势，这种现象称霍尔效应。该电势称为霍尔电势。根据霍尔效应制作的传感器称为霍尔传感器。

霍尔传感器具有体积小、输出动态范围宽、频响范围宽、可靠性高、无接触检测等优点，广泛应用于自动控制、无接触检测中。

霍尔传感器的应用领域包括：电子式水表、气表、电表和远程抄表系统；控制设备中传送速度的测量；无刷直流电机的旋转和速度控制；在工程中测量转动速度和其他机械上的自动化应用；转速仪、速度表以及其他转子式计量装置等。

3.1.3 传感器的发展趋势

1. 采用系列高新技术设计开发新型传感器

发现与利用新效应，比如物理现象、化学反应和生物效应，发展新一代传感器。

加速开发新型敏感材料，如微电子、光电子、生物化学、信息处理等各种学科各种新技术的互相渗透和综合利用，可望研制出一批先进传感器。

2. 传感器的微型化与微功耗

微电子机械系统（Micro Electro Mechanical Systems，MEMS）技术、纳米技术将高速发展，成为新一代微传感器、微系统的核心技术，是21世纪传感器技术领域中带有革命性变化的高新技术。各种控制仪器设备的功能越来越强大，要求各个部件体积越小越好，因而传感器本身体积也是越小越好。微传感器的特征之一就是体积小，其敏感元件的尺寸一般为微米级，是由微机械加工技术制作而成的，包括光刻、腐蚀、淀积、键合和封装等工艺。目前形成产品的主要是微型压力传感器和微型加速度传感器等，它们的体积只有传统传感器的几十乃至几百分之一，质量从千克级下降到几十克乃至几克。

3. 传感器的集成化与多功能化

传感器的集成化一般包含两方面含义。其一是将传感器与其后级的放大电路、运算电路、温度补偿电路等制成一个组件，实现一体化。与一般传感器相比，它具有体积小、反应快、抗干扰、稳定性好等优点。其二是将同一类传感器集成于同一芯片上，构成二维阵列式传感器，或称面型固态图像传感器，可用于测量物体的表面状况。传感器的多功能化是与“集成化”相对应的一个概念，是指传感器能感知与转换两种以上的不同物理量。例如，使用特殊的陶瓷把温度和湿度敏感元件集成在一起，成为温、湿度传感器；将检测几种不同气体敏感元件用厚膜制造工艺制作在同一基片上，制成检测氧、氨、乙醇、乙烯4种气体的多功能传感器等。

4. 传感器的智能化

智能传感器技术是测量技术、半导体技术、计算技术、信息处理技术、微电子学和材料科学互相结合的综合密集型技术。智能传感器与一般传感器相比具有自补偿能力、自校准功能、自诊断功能、数值处理功能、双向通信功能、信息存储记忆和数字量输出功能。随着科学技术的发展，智能传感器的功能将逐步增强，它利用人工神经网、人工智能和信息处理技术（如传感器信息融合技术、模糊理论等）使传感器具有更高级的智能，具有分析、判断、自适应、自学习的功能，可以完成图像识别、特征检测、多维检测等复杂任务。它可充分利用计算机的计算和存储能力，对传感器的数据进行处理，并对内部行为进行调节，使采集的数据最佳。

5. 传感器的数字化

随着现代化的发展，传感器已突破传统的功能，其输出不再是单一的模拟信号，而是经过微计算机处理好的数字信号，有的甚至带有控制功能，这就是所说的数字传感器。随着计算机的飞速发展以及单片机的日益普及，世界进入了数字时代，人们在处理被测信号时首先想到的是计算机或单片机，具有输出信号便于计算机处理的传感器就是数字传感器。数字传感器的特点是：①数字传感器将模拟信号转换成数字信号输出，提高了传感器输出信号抗干扰能力，特别适用于电磁干扰强、信号传输距离远的工作现场；②软件对传感器线性修正及性能补偿，减少系统误差；③一致性与互换性好。

6. 传感器的网络化

传感器网络化是传感器领域发展的一项新兴技术。传感器网络化是利用TCP/IP协议，使现场测控数据就近接入网络，并与网络上有通信能力的节点直接进行通信，实现数据的实时发布和共享。传感器网络化的目标是采用标准的网络协议，同时采用模块化结构将传感器和网络技术有机地结合起来。敏感元件输出的模拟信号经A/D转换及数据处理后，由网络处理装置根据程序的设定和网络协议（TCP/IP）将其封装成数据帧，并加以目的地址，通过网络接口传输到网络上。反过来，网络处理器又能接收网络上其他节点传给自己的数据和命令，实现对本节点的操作，这样传感器就成为测控网中的一个独立节点。

3.2　常见传感器信息采集实验

3.2.1　传感信息采集实验系统简介

本书基于CVT-WSN-Ⅱ物联网综合教学实验系统，开展传感器信息采集实验。本节实验使用以下实验硬件和软件。

1. 传感器模块

该系统包括多个传感器模块，传感器模块中包括了温湿度、光照、人体感应、振动、压力、可燃气体、酒精、超声波测距、三轴加速度、水流量、雨滴、霍尔、磁场等传感器，传感模块中采用 TI公司的无线单片机 CC2530 作为核心处理器，可以在实验中执行传感器信息采集程序，并将采集信息通过标准串口方式和USB串口方式传输至PC，通过串口调试助手或者其他串口应用类软件观察所采集的传感数据。

实验系统采用的传感模块的基本组成如图3-2-1所示。

图3-2-1　CVT-WSN-Ⅱ传感模块的基本组成

传感器类型板1：由通用调试母板和传感器扩展板1组成，包含人体感应传感器、振动传感器、光照传感器、温湿度传感器。

传感器类型板2：由通用调试母板和传感器扩展板2组成，包含压力传感器、气象气体压力传感器、酒精传感器、烟雾传感器。

传感器类型板3：由通用调试母板和传感器扩展板3组成，包含超声波传感器和三轴加速度传感器。

传感器类型板4：由通用调试母板和传感器扩展板4组成，包含水流量传感器、霍尔传感器、磁场传感器、雨滴传感器。

2. CC2000仿真器

CC2000仿真器如图3-2-2所示，用于实验程序的下载、调试运行和程序烧写。

图3-2-2　CC2000仿真器

3. IAR Embedded Workbench for 8051

IAR嵌入式集成开发环境，是 IAR 系统公司设计用于处理器软件开发的集成软件包，包含软件编辑、编译、连接、调试等功能。它包含用于 ARM 软件开发的集成开发环境 IAR Embedded Workbench for ARM、用于ATMEL公司单片机软件开发的集成开发环境IAR Embedded Workbench for AVR。CVT-WSN-II 采用用于兼容 8051 处理器软件开发的集成开发环境 IAR Embedded Workbench for 8051，用于TI公司的CC24××及CC25××家族无线单片机的底层软件开发，ZigBee协议的移植、应用程序的开发等。

IAR 编辑器如图3-2-3所示。

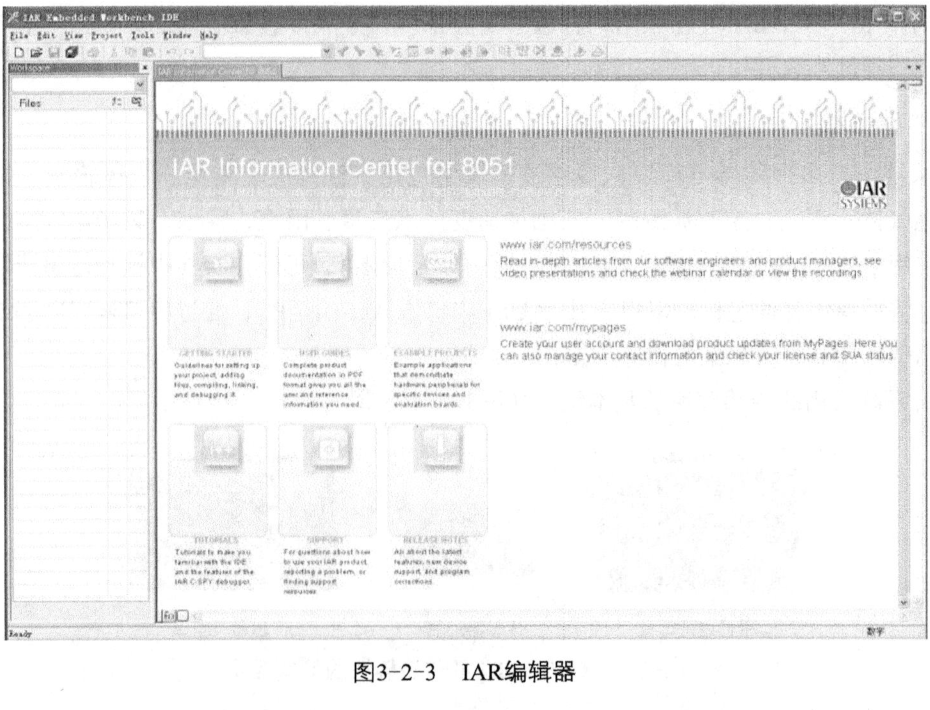

图3-2-3　IAR编辑器

4. 串口调试助手

串口调试助手用于传感器模块通过串口和PC进行通信，软件界面如图3-2-4所示。

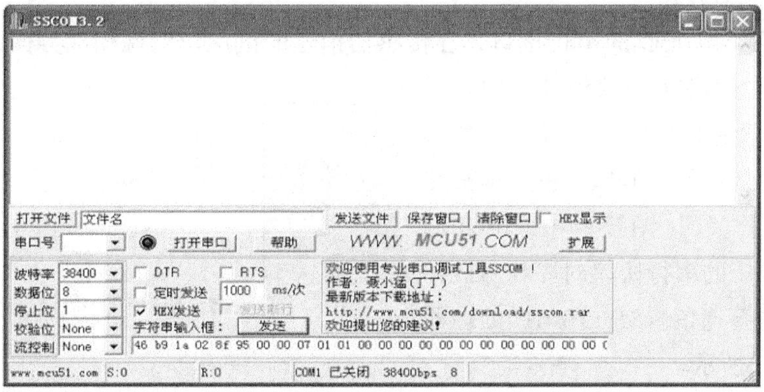

图3-2-4　串口调试助手软件界面

3.2.2　温湿度传感器信息采集

1. 实验目的和要求

①掌握温湿度传感器的基本工作原理。

②了解用 C 语言编程实现传感器的数据采集的方法，培养对相关实验设备的动手操作能力和对相关实验现象的观察能力及分析能力。

③了解C语言的基本知识。

④了解IAR中编写和调试程序的方法。

2. 实验设备

硬件：PC、CVT-WSN-Ⅱ物联网综合教学实验系统中的传感器类型板、CC2000 仿真器。

软件：Windows 7操作系统、IAR嵌入式集成开发环境、串口调试助手软件。

3. 实验内容

①IAR嵌入式集成开发环境的基本操作。

②温湿度传感器信息采集示例程序的分析。

③温湿度传感数据的观测。

4. 实验原理

（1）SHT10温湿度传感器介绍

SHT10温湿度传感器是一款含有已校准数字信号输出的温湿度复合传感器。它应用专利的工业COMS 过程微加工技术（CMOSens®），确保产品具有高的可靠性与长期稳定性。传感器包括一个电容式聚合体测湿元件和一个能隙式测温元件，并与一个14位的A/D 转换器以及串行接口电路在同一芯片上实现无缝连接。

每个SHT10 传感器芯片都在极为精确的湿度校验室中进行校准。校准系数以程序的形式储存在OTP 内存中，传感器内部在检测信号的处理过程中要调用这些校准系数。

SHT10可应用于暖通空调、汽车、消费品、气象站、湿度调节器、除湿器、测试检测设备、数据记录器、自动控制、家电、医疗等方面。

（2）信息采集方式

SHT10使用类似 I2C 的串行接口，在传感器信号的读取及电源损耗方面，都做了优化处理；传感器不能按照I2C协议编址，但是，如果I2C总线上没有挂接别的元件，传感器可以挂接到I2C 总线上，但单片机必须按照传感器的协议工作。因此在实验中采用GPIO口，模拟类似I2C 的串行协议时序与SHT10温湿度传感器进行通信。SHT10与微处理器的连接如图3-2-5所示。

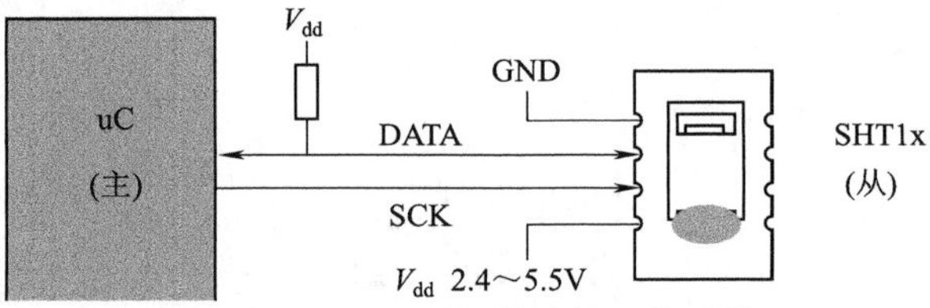

图3-2-5　SHT10与微处理器的连接

①启动传感器。首先，选择供电电压后将传感器通电，上电速率不能低于1 V/ms。通电后，传感器需要11 ms进入休眠状态，在此之前不允许对传感器发送任何命令。

②发送命令。用一组“启动传输”时序来完成数据传输的初始化。它包括：当SCK时钟高电平时，DATA从高电平翻转为低电平，紧接着SCK变为低电平；随后是在SCK时钟高电平时，DATA翻转为高电平，如图3-2-6所示。

后续命令包含三个地址位（目前只支持“000”）和五个命令位。SHT10会以下述方式表示已正确地接收到指令：在第8个SCK时钟的下降沿之后，将DATA下拉为低电平（ACK位）。在第9个SCK时钟的下降沿之后，释放DATA（恢复高电平）。

③通信复位时序。如果与SHT10的通信中断，可通过下列信号时序复位：当DATA保持高电平时，触发SCK时钟9次或更多。接着发送一个“传输启动”时序。这些时序只复位串口，状态寄存器内容仍然保留，如图3-2-7所示。

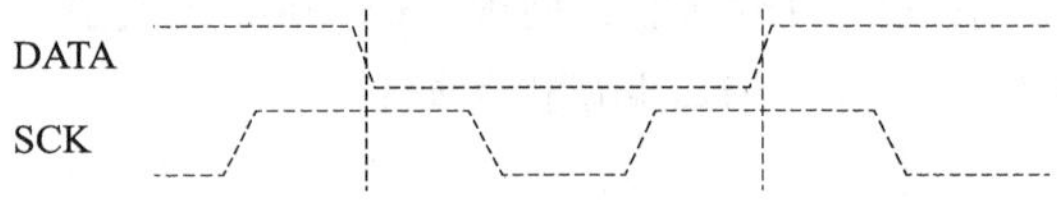

图3-2-6　启动传输的时序

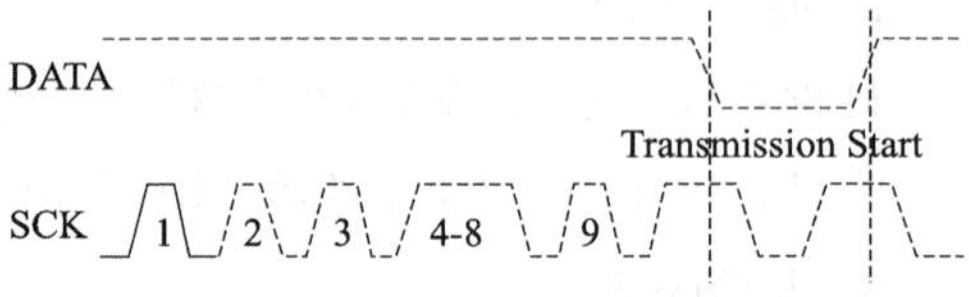

图3-2-7　通信服务时序

④温湿度的测量。

发送一组测量命令（‘00000101’表示相对湿度RH测量，‘00000011’表示温度T测量）后，控制器要等待测量结束。这个过程需要大约20 ms/80 ms/320 ms，分别对应8 bit/12 bit/14 bit测量。确切的时间随内部晶振速度，最多可能有−30%的变化。SHT10通过下拉DATA至低电平并进入空闲模式，表示测量结束。控制器在再次触发SCK时钟前，必须等待这个“数据准备好”信号来读出数据。检测数据可以先被存储，这样控制器可以继续执行其他任务，在需要时再读出数据。

接着传输2字节的测量数据和1字节的CRC奇偶校验（可选择读取）。控制器需要通过下拉DATA为低电平，以确认每个字节。所有的数据从MSB开始，右值有效（例如：对于12 bit数据，从第5个SCK时钟起算作MSB；而对于8 bit数据，首字节则无意义）。

在收到CRC的确认位之后，表明通信结束。如果不使用CRC-8校验，控制器可以在测量值LSB后，通过保持ACK为高电平终止通信。在测量和通信完成后，SHT10自动转入休眠模式。

（3）温湿度数据的计算

在实验中的测量分辨率为默认分辨率14 bit（温度）和12 bit（湿度），假设从SHT10温湿度传感器中读取道湿度数据为SORH，温度数据为SOT，那么相对湿度的计算（单位：%）：RHlinear = C1 + C2.SORH + C3.SORH2(%RH)。带温度补偿的湿度的计算（单位：%）：RHtrue =（SOT−25）.（t1+t2. SORH）+ Rhlinear。其中，计算温度（单位：℃）：T= d1 + d2. SOT。

实验中SHT10温湿度传感器的供电电压为3.3 V，如果通过传感器采集到的温度数据为temp，湿度数据为humi，那么根据上面的公式：

温度值的计算（单位：℃）：$T = -39.70 + 0.01 \times temp$。

相对湿度的计算（单位：%）：$H = -2.0468 + 0.0367 \times humi - (1.5955E-6) \times humi \times humi$。

带温度补偿的相对湿度计算（单位：%）：$(T-25) \times (0.01-0.00008 \times H) + H$。

（4）接口电路

温湿度传感器的接口电路如图3-2-8所示。通过CC2530的I/O口仿真SHT10要求的串行接口时序，以读出SHT10温湿度传感器采集的当前的温度和湿度值。

（5）工作流程图（图3-2-9）和核心代码

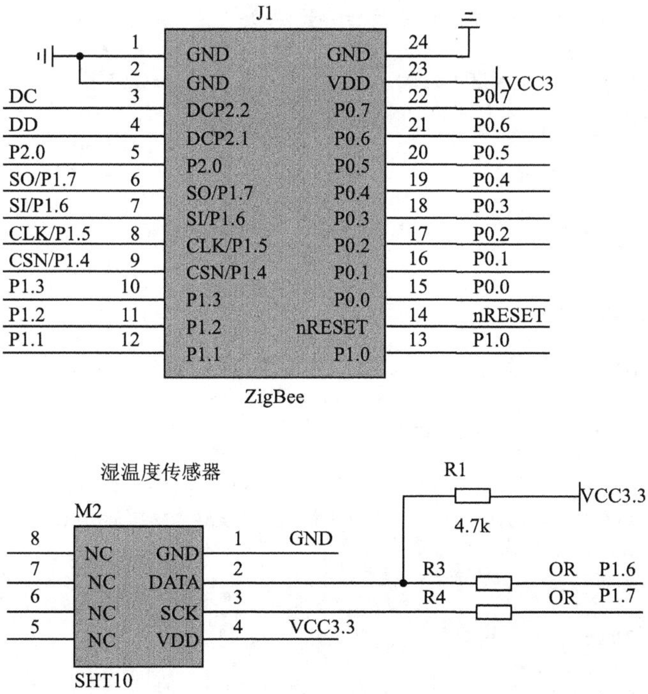

图3-2-8　温湿度传感器的接口电路

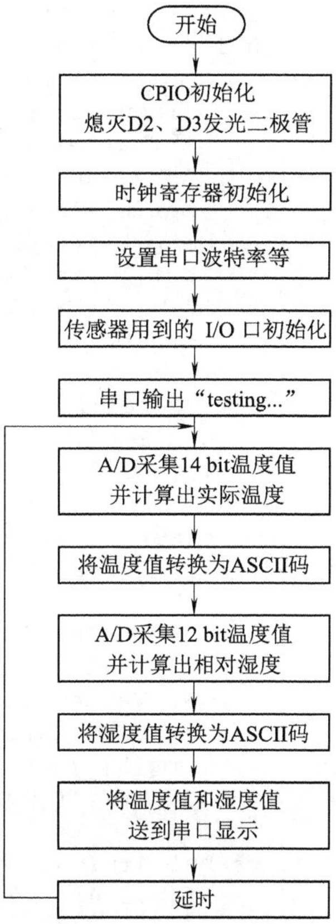

图3-2-9　程序流程图

主程序：

```
void main( void )
{
    unsigned long lTemp;
    float RHTValue;
    unsigned char buf[8];
    P0DIR|= 0x01;                  //设置P0.0为输出方式；P0.4和P0.5为输入方式
    P2DIR|= 0x01;                  //设置P2.0为输出方式
    P0_0=1;
    P2_0=1;                        //熄灭LED
    CLKCONCMD &= ~0x40;            //选择32M晶振
    while(!(SLEEPSTA & 0x40));     //等待XSOC稳定
    CLKCONCMD=0xb8;                //TICHSPD 128分频，CLKSPD 不分频
    SLEEPCMD |=0x04;               //关闭不用的RC 振荡器
    PERCFG=0x00;                   //位置1 P0 口
    P0SEL=0x3c;                    //P0用作串口
    U0CSR|=0x80;                   //UART方式
    U0GCR|=10;                     //baud_e=10;
    U0BAUD |= 216;                 //波特率设为57600
    UTX0IF=1;
    U0CSR|=0X40;                   //允许接收
    IEN0|=0x84;                    //开总中断，接收中断
    Sensor_PIN_INT();              //传感器用到的I/O口初始化

    UartTX_Send_String("Testing...\r\n",12);
    while(1){
       lTemp=ReadSHT1(3);          //14 bit温度
         lTemp=lTemp>>8;
         RHTValue=lTemp;
         RHTValue=0.01*RHTValue-39.7; //温湿度传感器温度
         buf[0]=(uint8)RHTValue;
       buf[0]=(((buf[0]/10)<<4)+(buf[0]%10));       //转换为ASCII码
         buf[1]=(buf[0]>>4)&0xf;
       if(buf[1]>0x9)
              buf[1]=buf[1]-0XA+'A';
       else
            buf[1]=buf[1]+'0';
       buf[2]=(buf[0])&0xf;
       if(buf[2]>0x9)
            buf[2]=buf[2]-0XA+'A';
       else
            buf[2]=buf[2]+'0';

         lTemp=ReadSHT1(5);      //12 bit湿度
         lTemp=lTemp >> 8;
         RHTValue=lTemp;
         RHTValue=-2.048 + 0.0367 * RHTValue -4 - 1.5955*RHTValue*RHTValue/1000000;
         buf[3]=(uint8)RHTValue;//温湿度传感器湿度
       buf[3]=( ((buf[3]/10)<<4) + (buf[3]%10) );

       buf[4]=(buf[3]>>4)&0xf;
       if(buf[4]>0x9)
              buf[4]=buf[4]-0XA+'A';
       else
            buf[4]=buf[4]+'0';
```

```
        buf[5]=(buf[3])&0xf;
        if(buf[5]>0x9)
             buf[5]= buf[5]-0XA +'A';
        else
            buf[5]=buf[5]+'0';

          UartTX_Send_String("Temperature=",14);
          UartTX_Send_String(&buf[1],1);
        UartTX_Send_String(&buf[2],1);
        UartTX_Send_String("     ",4);

        UartTX_Send_String("humidity=",11);
        UartTX_Send_String(&buf[4],1);
        UartTX_Send_String(&buf[5],1);
        UartTX_Send_String( "\r\n" ,2);
          delay();
    }
} // end of main()
```

串口读数据程序：

```
uint32 ReadSHT1(uint8 Addr)
{
  uint32 lResult;
  while(1){
    SHT1_Start();                    //传输启动
    SHT1_WriteCommandData(Addr);//发送地址
    if(SHT1_Ready()!=0){             //等待应答
      SHT1_Reset();                  //无应答时传输通信复位信号
      continue;
    }
    else{
      SHT1_SendAck();                //送应答信号
      break;
    }
  }
  while(SHT1_Ready()==1);           //等待应答信号
  lResult=SHT1_ReadData();
  lResult=lResult<<16;
  SHT1DATA_LOW;
  SHT1_SendAck();

  lResult|=((uint16)SHT1_ReadData()<<8);
  SHT1DATA_LOW;
  SHT1_SendAck();

  lResult|=SHT1_ReadData();
  SHT1DATA_HIGH;
  SHT1_SendAck();

  return lResult;
}
```

5. 实验步骤

①将CC2000仿真器的JTAG一端与带传感器扩展板1的通用调试母板的JTAG口相连，USB端和PC相连，通用调试母板通过USB供电。

②用串口线将通用调试母板和PC连接起来，注意将跳线J8同时插到DB9端。

③用IAR Embedded Workbench for 8051 8.10打开“SHT10\SHT10.eww”工程文件（实验配套的“实验例程及协议栈程序V2.0”中的“CC2530实验例子程序”）。

④单击IAR功能菜单上的绿色下载按钮，进入程序下载页面，如图3-2-10所示。

⑤程序下载完成后，单击IAR开发环境中的运行程序按钮运行程序，图3-2-11所示。

图3-2-10　程序下载

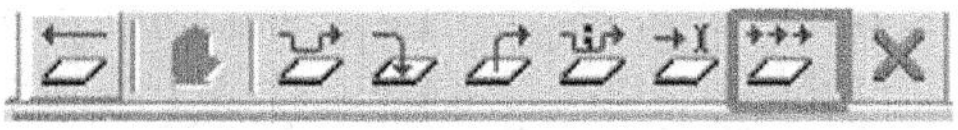

图3-2-11　IAR运行按钮

此外，也可以通过单击其他按钮实现对当前程序的调试（如单步、断点、暂停、进入、返回等）。

⑥打开 PC 上的串口调试助手软件，设置串口号，波特率为 57 600 bit/s，8 位数据、1 位停止位、无校验、无流控。

⑦单击打开串口，观察串口调试助手上实时采集到的SHT10 检测到的温度和湿度值，如图3-2-12所示。

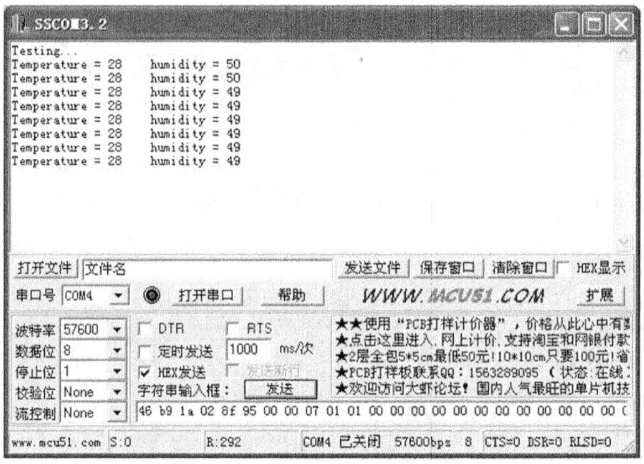

图3-2-12　串口输出温度和湿度值

⑧通过对着传感器呵气等简单方式改变传感器周边温湿度环境，观察采集到的温湿度数据的变化情况。

3.2.3　光照传感器信息采集

1. 实验目的和要求

①掌握光照传感器的基本工作原理。

②了解用C语言编程实现传感器的数据采集的方法，培养对相关实验设备的动手操作能力和对相关实验现象的观察能力及分析能力。

③了解C语言的基本知识。

④了解IAR中编写和调试程序的方法。

2. 实验设备

硬件：PC、CVT-WSN 教学实验箱中的传感器类型板、CC2000 仿真器。

软件： Windows 7操作系统、IAR嵌入式集成开发环境、串口调试助手软件等。

3. 实验内容

①IAR嵌入式集成开发环境的基本操作。

②光照传感器数据采集示例程序的分析。

③光照传感数据的观测。

4. 实验原理

（1）光照传感器介绍

本实验采用GL7516光敏电阻进行光照强度的检测。光敏电阻是一种半导体材料制成的电阻，其电导率随着光照度的变化而变化。GL7516就是其中的一种，光越强阻值越大。

光照传感器的接口电路如图3-2-13所示。通过CC2530的A/D口，采集光照传感器和固定电阻分压后的电压值，从而感知光照传感器随光强变化的情况。

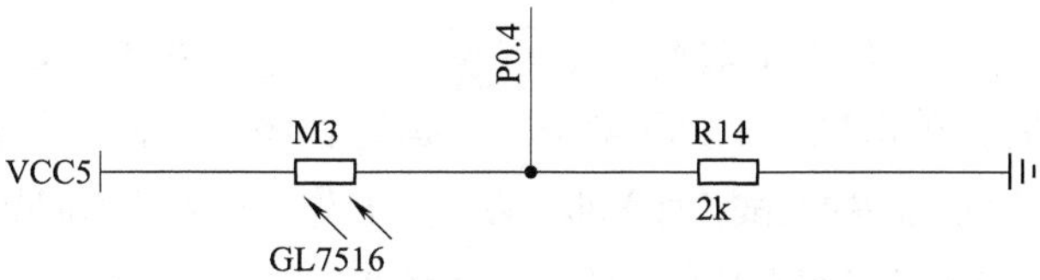

图3-2-13　光照传感器接口电路

（2）程序流程及核心代码

程序流程图如图3-2-14所示。

核心代码如下：

```
void main( void )
{
    unsigned char buf[8];
    uint16 temp;
    P0DIR |= 0x01;  //设置 P0.0 为输出方式; P0.4 和 P0.5 为输入方式
    APCFG = (0x1<<1)|(0x1<<4)|(0x1<<6);//P01,P04,P06 为 ADC 口

    P2DIR |= 0x01;   //设置 P2.0 为输出方式
    P0_0 = 1;
    P2_0 = 1;        //熄灭 LED
    CLKCONCMD &= ~0x40;            //选择 32M 晶振
    while(!(SLEEPSTA & 0x40));     //等待 XSOC 稳定
    CLKCONCMD = 0xb8;    //TICHSPD 128 分频, CLKSPD 不分频
    SLEEPCMD |= 0x04;              //关闭不用的 RC 振荡器
    PERCFG = 0x00;                 //位置 1 P0 口
    P0SEL = 0x3c;                  //P0 用作串口
    U0CSR |= 0x80;                 //UART 方式
    U0GCR |= 10;                   //baud e = 10;
    U0BAUD |= 216;                 //波特率设为 57600
    UTX0IF = 1;
    U0CSR |= 0X40;                 //允许接收
    IEN0 |= 0x84;                  //开总中断,接收中断
```

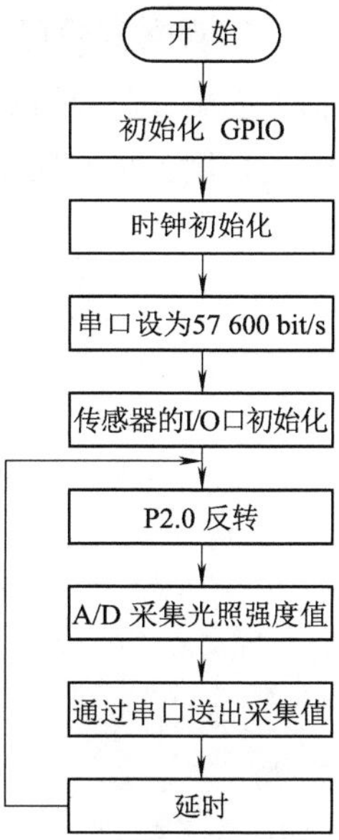

图3-2-14　程序流程图

```
        Sensor_PIN_INT();
        while(1){
            P2_0=~P2_0;
            temp = ReadAdcValue(4,3,0x2);//P0.4 采集光照度, 14 bit,AVDD5 作为参考
            buf[0] = 0x2;// 命令头
            buf[1] = (unsigned char)(temp/1000);buf[1] += ‘0’;
            buf[2] = (unsigned char)(temp%1000/100);buf[2] += ‘0’;
            buf[3] = (unsigned char)(temp%100/10);buf[3] += ‘0’;
            buf[4] = (unsigned char)(temp%10);buf[4] += ‘0’;
          //UartTX_Send_String(“LIGHT =”,8);
             UartTX_Send_String(&buf[0],5);
             delay();
        }
    } // end of main()
```

5. 实验步骤

①将CC2000仿真器的JTAG一端与带传感器扩展板1的通用调试母板的JTAG口相连，USB端和PC相连，通用调试母板通过USB供电。

②用串口线将通用调试母板和PC连接起来，注意将跳线J8同时插到DB9端。

③用IAR Embedded Workbench for 8051 8.10打开“LIGHT\LIGHT.eww”工程文件。

④单击IAR功能菜单上的绿色下载按钮，进入程序下载页面。

⑤程序下载完成后，单击IAR开发环境中的“运行程序”按钮运行程序。此外，也可以通过单击其他按钮实现对当前程序的调试（如单步、断点、暂停、进入、返回等）。

⑥打开PC上的“传感器数据图表分析”软件，选择端口（如COM1）、选择波特率57 600 bit/s，选择传感器类型为光照，最后单击“连接”即可。如果COM在端口列表中无显示，单击“刷新”即可。

⑦观察实验现象。“传感器数据图表分析”软件将定时输出采集到的光照传感器的电压值，如图3-2-15所示。当光照传感器无遮挡时，电压值在一个比较大的值附近变化，如1.8 V左右；当用手指遮挡光照传感器时，其值将减小。光越暗，采集的值越小。

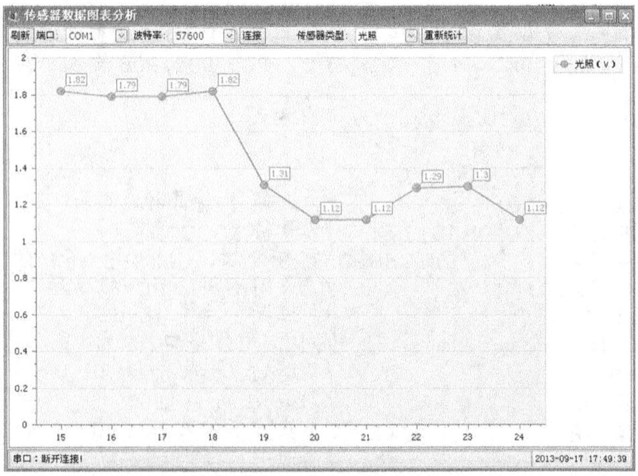

图3-2-15　传感器数据图表分析

图3-2-15中，纵轴为电压值，单位为V，其满量程会根据采集到的电压的最大值进行调整；横轴是采集的序号，表示第几次采集值。

3.2.4　压力传感器信息采集

1. 实验目的和要求

①掌握压力传感器的基本工作原理。

②了解用C语言编程实现传感器的数据采集的方法，培养对相关实验设备的动手操作能力和对相关实验现象的观察能力及分析能力。

③了解C语言的基本知识。了解IAR中编写和调试程序的方法。

2. 实验设备

硬件：PC 、CVT-WSN 教学实验箱中的传感器类型板、CC2000 仿真器。

软件： Windows 7操作系统、IAR 开发环境、传感器数据图表分析软件等。

3. 实验内容

①IAR嵌入式集成开发环境的基本操作。

②压力传感采集示例程序的分析。

③压力传感数据的观测。

4. 实验原理

（1）压力传感器介绍

压力传感器分为应变片压力传感器、陶瓷压力传感器、扩散硅压力传感器、蓝宝石压力传感器、压电压力传感器等几大类。

应变片压力传感器的种类繁多，如电阻应变片压力传感器、半导体应变片压力传感器、压阻式压力传感器、电感式压力传感器、电容式压力传感器、谐振式压力传感器及电容式加速度传感器等。其中，电阻应变片是一种将被测件上的应变变化转换成为一种电信号的敏感器件，其工作原理是吸附在基体材料上应变电阻随机械形变而产生阻值变化，俗称为电阻应变效应。电阻应变片应用最多的是金属电阻应变片和半导体应变片两种。金属电阻应变片又有丝状应变片和金属箔状应变片两种。通常是将应变片通过特殊的黏合剂紧密地黏合在产生力学应变的基体上，当基体受力发生应力变化时，电阻应变片也一起产生形变，使应变片的阻值发生改变，从而使加在电阻上的电压发生变化。这种应变片在受力时产生的阻值变化通常较小，一般这种应变片都组成应变电桥，并通过后续的仪表放大器进行放大，再传输给处理电路（通常是A/D转换和CPU）显示或执行机构。

陶瓷压力传感器没有液体的传递，压力直接作用在陶瓷膜片的前表面，使膜片产生微小的形变，厚膜电阻印制在陶瓷膜片的背面，连接成一个单臂电桥（闭桥），由于压敏电阻的压阻效应，使电桥产生一个与压力成正比、与激励电压也成正比的电压信号，标准的信号根据压力量程的不同标定为2.0 mV/V、3.0 mV/V、3.3 mV/V等，可以和应变式传感器兼容。

扩散硅压力传感器是被测介质的压力直接作用于传感器的膜片上（不锈钢或陶瓷），使膜片产生与介质压力成正比的微位移，使传感器的电阻值发生变化，利用电子线路检测这一变化，并转换输出一个对应于这一压力的标准测量信号。

蓝宝石压力传感器利用应变电阻式工作原理，采用硅-蓝宝石作为半导体敏感元件，具有无与伦比的计量特性。

压电压力传感器中主要使用的压电材料包括石英、酒石酸钾钠和磷酸二氢铵。其中石英（二氧化硅）是一种天然晶体，压电效应就是在这种晶体中发现的。在一定的温度范围之内，压电性质一直存在，但温度超过这个范围之后，压电性质完全消失（这个高温就是所谓的 “居里点”）。由于随着应力的变化。电场变化微小（也就说压电系数比较低），所以石英逐渐被其他的压电晶体所替代。

（2）压力传感器的接口电路

本实验系统的压力传感器为电阻应变片压力传感器。其接口电路如图3-2-16所示，通过仪器放大芯片AD620将压力传感器的微小的电阻变化转换为比较大的模拟电压的变化，然后通过CC2530的A/D口（P0.6）进行采集。

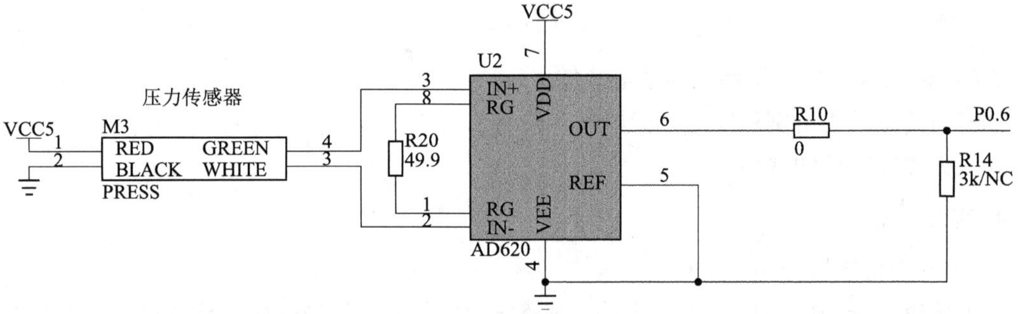

图3-2-16 压力传感器的接口电路

（3）程序流程及核心代码

程序流程图3-2-17所示。核心代码如下：

```
void main( void )
{
    uint16 AdValue;
    float temp;
    unsigned char buf[8];
    Sensor_PIN_INT();
     while(1){
         P2_0=~P2_0;
         //P0.6 采集压力值，14bit，AVDD5 作为参考
         temp = ReadAdcValue(6,3,0x2);
         buf[0] = 0x2;// 命令头
         buf[1] = (unsigned char)(temp/1000);buf[1] += '0';
         buf[2] = (unsigned char)(temp%1000/100);buf[2]
                += '0';
         buf[3] = (unsigned char)(temp%100/10);buf[3]
                += '0';
         buf[4] = (unsigned char)(temp%10);buf[4] += '0';
        //UartTX_Send_String("Press =",8);
        UartTX_Send_String(&buf[0],5);
```

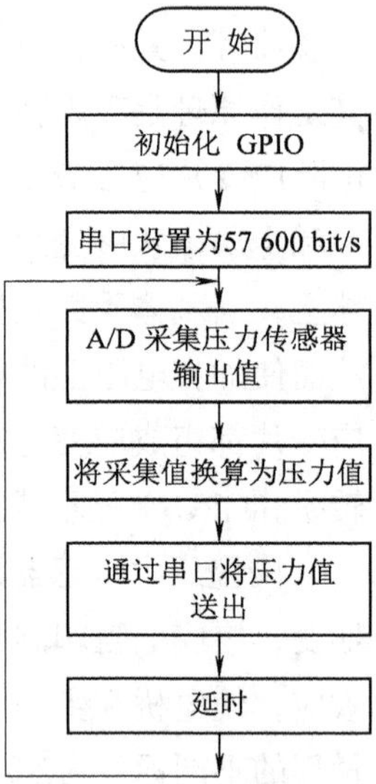

图3-2-17 程序流程图

```
        delay();
    }
} // end of main()
```

5. 实验步骤

①将CC2000仿真器的JTAG一端与带传感器扩展板2的通用调试母板的JTAG口相连，USB端和PC相连，通用调试母板通过USB供电。

②用串口线将通用调试母板和PC连接起来，注意将跳线J8同时插到DB9端。

③用IAR Embedded Workbench for 8051 8.10打开“PRESS\PRESS.eww”工程文件（实验配套的“实验例程及协议栈程序V2.0”中的“CC2530实验例子程序”）。

④单击IAR功能菜单上的绿色下载按钮，进入程序下载页面。

⑤程序下载完成后，单击IAR开发环境中的“运行程序”按钮运行程序。此外，也可以通过单击其他按钮实现对当前程序的调试（如单步、断点、暂停、进入、返回等）。

⑥打开PC上的“传感器数据图表分析”软件，选择端口（如COM1）、选择波特率57 600 bit/s，选择传感器类型为压力，最后单击“连接”即可。如果COM在端口列表中无显示，单击“刷新”即可。

⑦观察实验现象。“传感器数据图表分析”软件将定时输出采集到的压力传感器的电压值，如图3-2-18所示。当无压力时，电压值固定在一个比较低的值，如0.62 V；当用手指按压压力传感器时，其值将增大。力越大，采集的值越大。

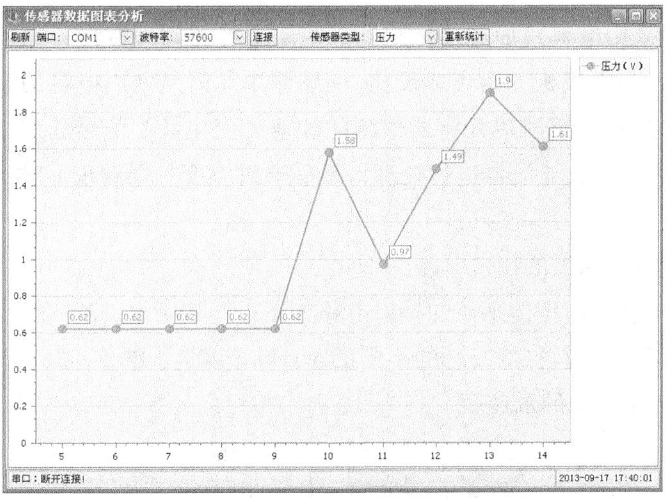

图3-2-18　传感器数据图表分析

图3-2-18中，纵轴为电压值，单位为V，其满量程会根据采集到的电压的最大值进行调整；横轴是采集的序号，表示第几次采集值。

3.2.5　三轴加速度传感器信息采集

1. 实验目的和要求

①掌握三轴加速度传感器的基本工作原理。

②了解用C语言编程实现传感器的数据采集的方法，培养对相关实验设备的动手操作能力和对相关实验现象的观察能力及分析能力。

③了解C语言的基本知识。

④了解IAR中编写和调试程序的方法。

2. 实验设备

硬件：PC、CVT-WSN 教学实验箱中的传感器类型板、CC2000 仿真器。

软件： Windows 7操作系统、IAR 嵌入式集成开发环境、传感器数据图表分析软件等。

3. 实验内容

①IAR嵌入式集成开发环境的基本操作。

②三轴加速度传感器采集示例程序的分析。

③三轴加速度数据的观测。

4. 实验原理

（1）三轴加速度传感器介绍

飞思卡尔开发的基于微机电系统（MEMS）的三轴向低重力加速计MMA7260Q是一款单芯片设备，能在X、Y、Z三个轴向上以极高的灵敏度读取低重力水平的坠落、倾斜、移动、放置、振动和摇摆变化，体型小巧、功耗低，且有可选量程，可广泛地应用于各个领域。

MMA7260Q中采用电容式加速度传感器。由于电容的物理特性，电容值的大小与电极板的面积大小成正比，与电极板的距离成反比。g感测单元就是利用电容的原理设计的。从芯片内部简化功能模块来看，g感测单元将所侦测的加速度变化量的信号送往“电容到电压转换电路”，然后再送到积分放大滤波器进行处理，最后通过温度补偿处理后输出反映瞬时加速度值大小的模拟电压信号。

（2）三轴加速度传感器的接口电路

本实验系统的三轴加速度传感器的接口电路如图3-2-19所示，X、Y、Z三个方向的加速度对应产生三个模拟信号，通过CC2530的不同的A/D口（P0.4、P0.5、P0.6）进行采集，并经过运算，就可以得到三个方向的加速度。

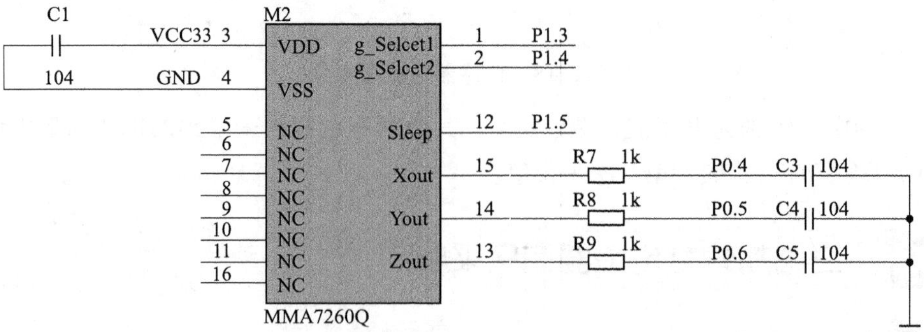

图3-2-19　三轴加速度传感器的接口电路

（3）程序流程及核心代码

程序流程如下：

①程序初始化。

②分别采集X轴、Y轴、Z轴的模拟量值。

③将采集的模拟量值送到串口。

④延时一段时间后再重复第2 ~ 4步。

核心代码如下：

```
void main( void )
{
    uint16 AdValue;
    unsigned char buf[8];
    Sensor_PIN_INT();

    UartTX_Send_String("Testing...\r\n",12);
    while(1){
          AdValue = ReadAdcValue(0x4,3,2);// 采集 X 轴加速度量
          AdValue = AdValue>>6;
          buf[0] = (uint8)AdValue;
          buf[1] = (buf[0]>>4)&0xf;
          buf[2] =  buf[0]&0xf;

          AdValue = ReadAdcValue(0x5,3,2);// 采集 Y 轴加速度量
          AdValue = AdValue>>6;
          buf[0] = (uint8)AdValue;
          buf[3] = (buf[0]>>4)&0xf;
          buf[4] =  buf[0]&0xf;

          AdValue = ReadAdcValue(0x6,3,2);// 采集 Z 轴加速度量
          AdValue = AdValue>>6;
          buf[0] = (uint8)AdValue;
          buf[5] = (buf[0]>>4)&0xf;
          buf[6] =  buf[0]&0xf;

          buf[0] = 2;// 包头为 0x2
          UartTX_Send_String(&buf[0],7);
          delay();
    }
} // end of main()
```

5. 实验步骤

①将CC2000仿真器的JTAG一端与带传感器扩展板3的通用调试母板的JTAG口相连，USB端和PC相连，通用调试母板通过USB供电。

②用串口线将通用调试母板和PC连接起来，注意将跳线J8同时插到DB9端。

③用IAR Embedded Workbench for 8051 8.10打开实验配套的“实验例程及协议栈程序

V2.0”中的“CC2530实验例子程序”中的“Accelerometer\Accelerometer.eww”工程文件。

④单击IAR功能菜单上的绿色下载按钮，进入程序下载页面。

⑤程序下载完成后，单击IAR开发环境中的“运行程序”按钮运行程序。此外，也可以通过单击其他按钮实现对当前程序的调试（如单步、断点、暂停、进入、返回等）。

⑥打开PC上的“传感器数据图表分析”软件，选择端口（如COM1）、选择波特率57 600 bit/s，选择传感器类型为“三轴加速度”，最后单击“连接”即可。如果COM在端口列表中无显示，单击“刷新”。

⑦观察实验现象。“传感器数据图表分析”软件将定时输出采集到的三轴加速度的电压值，如图3-2-20所示。初始时，通用调试母板在X轴、Y轴或Z轴方向无加速运动，此时采集的电压值恒定；将通用调试母板在X轴、Y轴或Z轴方向做加速运动，采集值将变化，向一个方向做加速度运动时采集值变小，向另一个方向做加速度运动时采集值将增大，加速度越大，采集的值和初始的恒定值之间的差值也越大。

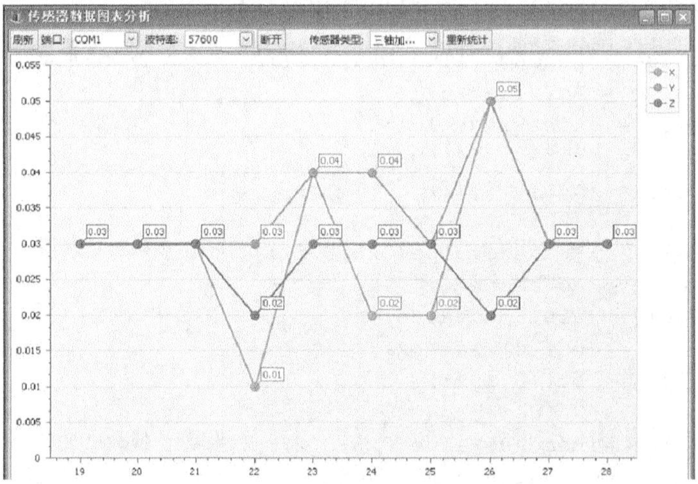

图3-2-20　传感器数据图表分析

图3-2-20中，纵轴为电压值，单位为V，其满量程会根据采集到的电压的最大值进行调整。

3.3　无线传感网与ZigBee技术

3.3.1　无线传感网的概念

无线传感器网络（Wireless Sensor Network，WSN）是大量的静止或移动的传感器以自组织和多跳的方式构成的无线网络，其目的是协作地感知、采集、处理和传输网络覆盖地理区域内感知对象的监测信息，并报告给用户。

传感器网络实现了数据采集、处理和传输三项功能，而这正对应着现代信息技术的三大基础技术，即传感器技术、计算机技术和通信技术。它们分别构成了信息系统的“感官”、“大脑”和“神经”三个部分。这三种技术的结合，可以构成一个独立的现代信息系统。

无线传感器网络是无线Ad hoc网络的一个重要研究分支，是随着微机电系统（MEMS）、无线通信和数字电子技术的迅速发展而出现的一种新的信息获取和处理模式。它是由随机分布的集成传感器、数据处理单元和通信模块的微小节点通过自组织的方式构成的网络。

无线传感器网络借助于节点中内置的形式多样的传感器测量所在环境中的热、红外、声纳、雷达和地震波信号，从而探测包括温度、湿度、噪声、光强度、压力、土壤成分、移动物体的大小、速度和方向等众多人们感兴趣的物质现象，实现对所在环境的监测。基于MEMS的微传感技术和无线联网技术为无线传感器网络赋予了广阔的应用前景。这些潜在的应用领域可以归纳为：军事、航空、反恐、防爆、救灾、环境、医疗、保健、家居、工业、商业等领域。

3.3.2 无线传感网络的组成

WSN通常包括传感器节点（Sensor Node）、汇聚节点（Sink Node）和管理节点。大量传感器节点随机部署在检测区域内部或者附近，通过自组织的方式构成网络。无线传感网的构成如图3-3-1所示。

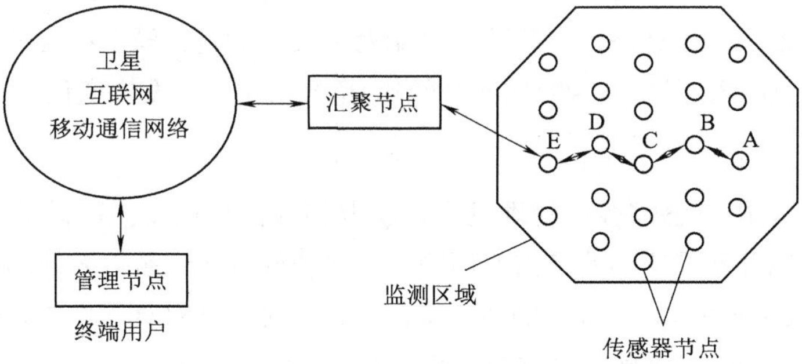

图3-3-1　无线传感网的构成

传感器节点检测到的数据沿着其他节点逐跳地进行传输，在传输过程中，检测数据可能被多个节点处理，经过多跳路由后到达汇聚节点，最后通过互联网或者卫星到达管理节点。用户通过管理节点对传感器网络进行管理和配置，发布检测任务、收集检测数据。

其中，传感器节点的处理能力、存储能力和通信能力相对较弱，通过携带能量有限的电池供电。从网络功能上来看，每个传感器节点兼顾了传统网络节点终端和路由器的双重功能，除了进行本地信息收集和处理外，还要对其他节点转发来的数据进行存储、管理和融合等处理。

汇聚节点的处理能力、存储能力和通信能力相对较强，它既连接无线传感器网络，又与互联网等外部网络连接，能够实现两种协议栈之间的通信协议转换，能够发布管理节点的检测任务，并能够把收集的数据转发到外部网络。汇聚节点既可以是一个具有增强功能的传感器节点，有足够的能力攻击、更多的内存与计算资源，也可以是没有检测功能、仅带无线通信接口的特殊网关设备。

3.3.3 无线传感网络的特点

与蜂窝网、无线局域网等其他无线通信网络相比，无线传感器网络有其自身的显著特点。

1. 分布式、自组织性

无线传感器网络是由对等节点构成的网络，不存在中心控制。管理和组网都非常简单灵活。不依赖固定的基础设施，每个节点都具有路由功能，可以通过自我协调、自动布置而形成网络，不需其他辅助设施和人为手段。

2. 健壮性

由于能量限制、环境干扰和人为破坏等因素的影响，传感器节点会损坏，导致一些传感器节点不能正常工作，但随机分布的大量节点之间可以协调互补，保证部分传感器节点的损坏不会影响到全局任务。

3. 可扩展性

当网络中增加新的无线传感器节点时，也不需要其他外界条件，原有的无线传感器网络可以有效地融纳新增节点，使新增节点快速融入网络，参与全局工作。

4. 动态拓扑

无线传感器网络是一个动态的网络，网络内的节点可能会因为能量耗尽或其他故障退出网络；有些节点可能处于工作状态，有些节点可能处于关闭状态，没有参与网络通信；也有可能又会新增大量的节点融入网络，这些都会使网络的拓扑结构随时发生变化。

5. 应用相关

无线传感器网络用来感知客观物理世界，获取物理世界信息。不同的传感器网络应用关心不同的物理量，因此不同应用背景需要不同的节点硬件平台、软件系统和网络协议。无线传感器网络不能像Internet一样具有统一的通信协议平台，必须针对具体应用来研究传感器网络技术。这也是无线传感器网络区别于传统网络系统的显著特征。

6. 规模大

为了提高网络的可靠性，通常在目标区域内部署大量传感器节点，传感器网络可能包含多达数千甚至上万个传感器节点。传感器网络的大规模性还能够通过不同空间视角获得更大的信噪比，从而提高监测准确性。

7. 高冗余

节点的大规模部署使得无线传感器网络通常具有较高的节点冗余、网络链路冗余以及采集的数据冗余，从而使得系统具有很强的容错能力。

8. 以数据为中心

无线传感器网络一般不需要支持任意两个传感器节点之间的点对点通信，传感器节点不必具有全球唯一的标识，不必采用因特网的IP寻址。用户往往不关心数据采集于哪一个节点，而关心数据所属的空间位置，因此可采取空间位置寻址方式。从这个意义上讲，传感器网络通常以数据本身作为查询或传输线索，因此传感器网络是一个以数据为中心的网络。

3.3.4 ZigBee技术

1. ZigBee技术特点

ZigBee这个词源于蜜蜂群发现食物源的时候，通过跳“之”字形的舞蹈（Zigzag舞）在同伴中传递信息，以到达彼此沟通信息的目的，故以此做新一代无线通信技术的命名。

ZigBee技术是一种结构简单、低成本、低功耗、低速率和可靠性高的短距离无线通信新技术。ZigBee的网络标准由IEEE 802.15工作组负责制定，被称作802.15.4（ZigBee）技术标准。

ZigBee的技术特点如下：

①低速率：数据传输速率只有20~250 kbit/s，分别提供250 kbit/s（2.4 GHz），40 kbit/s（915 MHz）和20 kbit/s（868 MHz）的原始数据吞吐率，满足低速率的传输数据的应用需求。

②低功耗：在低功耗待机模式下，2节普通5号电池可使用6~24个月，这也是ZigBee的支持者一直引以为豪的独特优势。

③低成本：因为ZigBee数据传输速率低，协议简单，所以大大降低了成本，并且ZigBee协议免收专利费。ZigBee网络节点模块一般在1 000元以下，而主要使用的网络子节点价格可降到100元以下。

④容量大：ZigBee网络可由一个节点管理若干子节点，最多一个节点可以管理254个子节点，同时该节点还可由上一层网络节点管理，可组成65 000个节点的大型网络。

⑤时延短：ZigBee的响应速度较快，一般从睡眠状态转入工作状态只需15 ms，节点连接进入网络只需要30 ms。相对而言，蓝牙需要3~10 s，Wi-Fi需要3 s。这样一方面节省了能量消耗，另一方面更适用于对时延敏感的场合，例如一些应用在工业上的传感器就需要以毫秒的速度获取信息，以及安装在厨房内的烟雾探测器也需要在尽量短的时间内获取信息并传输给网络控制者，从而阻止火灾的发生。

⑥近距离：传输范围一般介于10~100 m，能覆盖普通的家庭和办公场所，在增加RF发射功率后，可增加到1~3 km。

⑦安全高：ZigBee提供了三级安全模式，保证安全性。

⑧可靠：采取了碰撞避免策略，同时为需要固定带宽的通信业务预留了专用时隙，避开了发送数据的竞争和冲突。MAC层采用了完全确认的数据传输模式, 每个发送的数据包都必须等待接收方的确认信息。如果传输过程中出现问题可以重发。

得益于ZigBee具有的低速率、低成本和低功耗的特点，ZigBee可以广泛应用的领域包括工业控制、农业控制、商业、消费性电子产品、PC的外围设备、家庭自动化、玩具和游戏、个人健康监护、医用设备控制、汽车自动化等领域。具体地讲，ZigBee技术可以应用到消费性电子设备、家庭和建筑自动化设备、智能家居（照明控制、各类窗帘控制、家庭安防、暖气控制、内置家居控制的机顶盒、万能遥控器）、环境检测与控制、自动读表系统、烟雾传感器、医疗监控系统、大型空调系统、工业和楼宇自动化、安全监控、工业控制、传感器控制等方面。

2. ZigBee技术的网络节点类型与拓扑结构

ZigBee网络包含3种节点类型：ZigBee协调器（ZigBee Coordinator，ZC）、ZigBee路由器（ZigBee Router，ZR）和终端设备（ZigBee End Device，ZED）。

协调器只能是全功能器件FFD。一个PAN的网络中，至少要有一个全功能器件作为网络的协调器，它可以看作是一个PAN的网关节点（SINK节点）。它是网络建立的起点，负责PAN网络的初始化，确定PAN的ID号和PAN操作的物理信道并统筹短地址分配，充当信任中心和储存安全密钥、与其他网络的连接等。

在任何一个拓扑网络上，所有设备都有一个唯一的64位IEEE长地址，该地址可以在PAN中用于直接通信。协调器在加入网络之后获得一定的短地址空间，在这个空间内，它有能力允许其他节点加入网络，并分配16位短地址给节点。因此在设备发起连接时采用的是64位IEEE长地址，只有连接成功后，系统分配了PAN的标志符后，才能采用16位的短地址来通信。

路由器可以只运行一个存放有路由协议的精简协议栈，负责网络数据的路由，实现数据中转功能。在网络中最基本的节点就是终端节点ZED，一个终端节点可以是全功能器件FFD或者是精简功能器件RFD。

ZigBee网络拓扑结构比较流行的有3种：星状网络（Star）、簇状网络（Cluster Tree）、网状网络（Mesh），如图3-3-2所示。

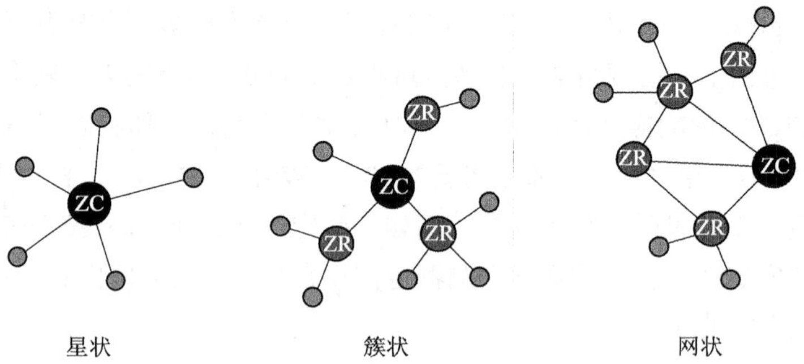

图3-3-2　ZigBee网络拓扑

星状网（Star）是指网络中的各节点设备通过一个网络集中设备连接在一起，各节点呈星状分布的网络连接方式。

树状网（Tree）结构是利用路由器对星形结构的扩充，其节点可以采用Cluster Tree 路由传输数据和控制信息。处于网络最末端的称为叶节点，它们是网络的终端设备。若干个叶节点设备连接在一个全功能设备FFD 上形成一个“簇”，若干个“簇”连接再形成“树”。

树状网络是一种层次结构，节点按层次连接，信息交换主要在上下节点之间进行，相邻节点或同层节点之间一般不进行数据交换。在树状网络中，协调器可以有多个子节点，终端设备只有一个父节点，路由器可以有多个子节点，但只能有一个父节点。任意两个节点的数据传输都只有一条路由路径，任何一个路由器节点的加入或离开都会影响网络的数据传输。树状网络拓扑结构简单，维护方便，适用于汇集信息的应用要求，但资源共享能力较低，可靠性不高，任何一个路由节点或链路的故障都会影响整个网络的运行。

网状网（Mesh network）是一种多点到多点网络拓扑结构。在这种Mesh网络结构中，各网络节点通过相邻其他网络节点，以无线多跳方式相连。

3.4　无线传感网组网实验

3.4.1　无线传感网实验系统简介

本书基于CVT-WSN-II物联网综合教学实验系统，开展无线传感网组网实验。本节实验使用以下实验硬件和软件。

1. 硬件系统

CVT-WSN-II物联网综合教学实验系统硬件组成如表3-4-1所示。

表3-4-1　CVT-WSN-II教学实验系统硬件组成

序号	名　称	数量	备　注
1	无线单片机显示网关板	1	CC2530处理器，128 × 64点阵LCD屏，7个功能按键，4个LED灯
2	通用调试母板	7	3个按键/1个AD/3个LED/1个UART，3种供电模式
3	ZigBee板	8	1. 工作频段2.4 GHz，信道16个； 2. 信道带宽5 M； 3. 符合IEEE 802.15.4 标准； 4. 内置 IEEE 802.15.4 MAC协议栈
4	传感器扩展板1	1	温度/温湿度/光照/人体感应/振动
5	传感器扩展板2	1	可燃气体/酒精/压力/气象气体压力
6	传感器扩展板3	1	超声波测距/三轴加速度
7	传感器扩展板4	1	水流量/雨滴/霍尔/磁场
8	RFID扩展板	1	13.56 M RFID
9	USB供电板	1	供电电源线1根，USB线8根
10	CC2000仿真器	1	下载调试排线1根，USB2.0下载调试线1根

2. 软件系统

①IAR Embedded Workbench for 8051（见第3.2.1节）。

②Z-Stack协议栈程序：Z-Stack是TI公司推出的业界领先的ZigBee 协议栈。Z-Stack 符合ZigBee2006 规范，支持多种平台，包括基于CC2420 收发器以及TI MSP430 超低功耗单片机的平台、CC2530 SOC 平台等。Z-Stack 包含了网状网络拓扑的几近于全功能的协议栈，在竞争激烈的ZigBee 领域占有很重要的地位。

③SmartRF Flash Programmer：用于无线单片机CC2530的程序烧写，或用于USB接口的MCU固件编程，读写IEEE地址等。

④CVT-WSN-II物联网络综合教学实验平台软件，软件界面如图3-4-1所示。

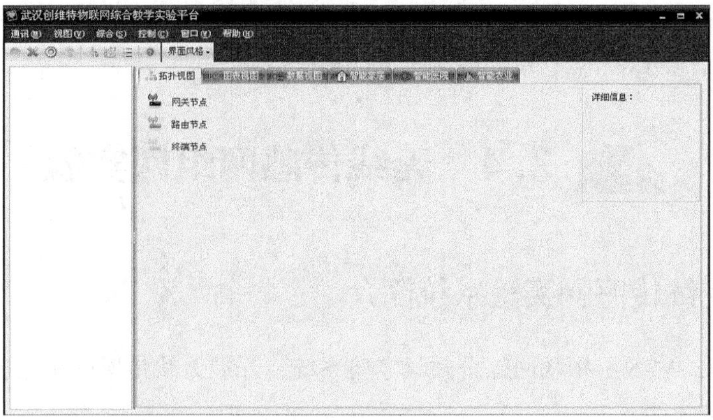

图3-4-1　CVT-WSN综合教学实验平台软件界面

3.4.2　Z-Stack简单无线收发实验

1. 实验目的和要求

学习点对点无线数据收发原理及相关技术；学习如何修改Z-Stack协议栈程序以实现点对点无线数据收发。

2. 实验设备

硬件：PC、CC2000仿真器、网关板及带指示扩展板的通用调试母板、USB线。

软件：PC操作系统+ IAR开发环境。

3. 实验内容

在IAR嵌入式集成开发环境中修改Z-Stack协议栈程序，以实现简单无线收发。

4. 实验原理

简单无线收发实验实现个域网内任意两个用户之间的信息交换。网关或端节点接收到无线信道送过来的数据后，比较PANID和网络短地址，PANID和短地址都与本地相符时，将数据通过串口或其他方式传送到用户终端，否则将数据丢掉，不传送到用户终端。点对点通信时，只有1个用户可收到信息。

点对点连接是两个系统或进程之间的专用通信链路。想象一下直接连接两个系统的一条线路，两个系统独占此线路进行通信。点对点通信的对立面是广播，在广播通信中，一个系统可以向多个系统传输。

本实验采用一个网关节点和一个路由节点进行简单数据无线收发。当路由节点被允许加入网络后，网关节点将记录下此路由节点的网络短地址，当网关节点需要向路由节点发送数据时，即通过无线信道发送到路由节点的网络短地址，路由节点接收到无线数据后，将数据通过串口送出；当路由节点需要向网关节点发送数据时，即通过无线信道发送到网络短地址0x0000，同样，网关节点接收到数据后，也通过串口送出。实际上可以通过网络短地址在ZigBee的个域网中实现任意两个节点之间的点对点无线收发实验。

本实验修改了Z-Stack协议栈中的SAPP_FrameWork.c和MT_UART.c中的程序。可打开Z-Stack协议栈中的简单无线收发网关节点工程CoordinatorPeer和简单无线收发路由节点工程RouterPeer，在SAPP_FrameWork.c和MT_UART.c中，查看针对简单无线收发实验增加或修改的部分程序。可通过查找PEER_ROUTER和PEER_COORD宏定义判别的部分快速找到。

5. 实验步骤

准备两块通用调试母板、CC2000仿真器，如图3-4-2所示，供电并连接好。将两块通用调试母板通过USB串口和PC连接。跳线J8跳到USB串口端，J3跳到VBUS端，J5跳到EXT3.3端。

图3-4-2　CVT-WSN通用调试母板

①打开Z-Stack协议栈中的工程CoordinatorPeer，并进行编译。

②编译成功后，将产生的CoordinatorPeer.hex烧写到任一通用调试母板中，作为简单无线收发实验的网关节点。

③打开Z-Stack协议栈中的工程RouterPeer，并进行编译。

④编译成功后，将产生的RouterPeer.hex烧写到任一通用调试母板中，作为简单无线收发实验的路由节点。

⑤网关节点板和路由节点板均上电，等待路由节点加入网络，路由节点上的二极管指示灯D2常亮，表示网络已连接。如长时间未连接，可按路由节点的复位按钮S2对路由节点进行复位。

⑥在控制面板\系统\硬件\设备管理器中查看USB串口的串口号，如图3-4-3所示。

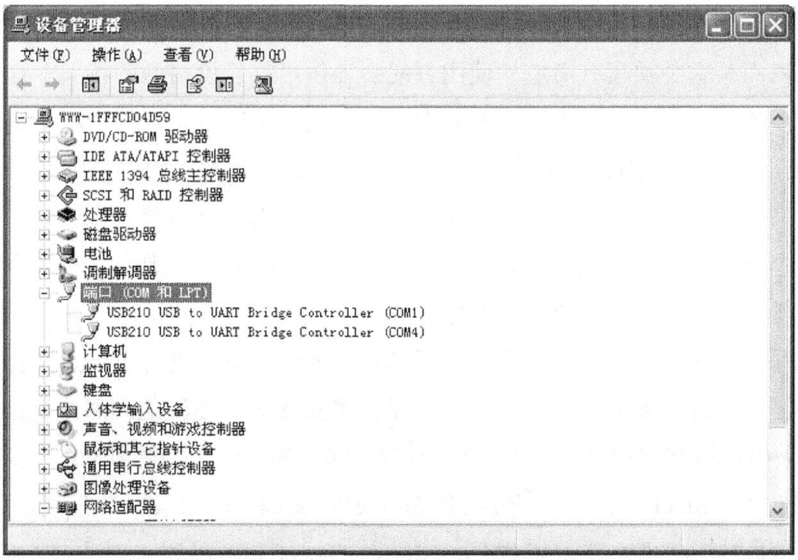

图3-4-3　查看USB串口号

⑦打开两个串口调试助手窗口，串口号分别指到前面查到的串口号上，波特率设为38 400bit/s，并分别打开串口。

⑧在任何一个串口调试助手发送窗口中用键盘输入数据时，在另一个串口调试助手的接收窗口均有相同的信息显示。

3.4.3 Z-Stack点对点通信实验

1. 实验目的和要求

①学习点对点通信的相关技术。

②学习如何修改Z-Stack协议栈程序以实现点对点通信。

2. 实验设备

硬件：PC、CC2000仿真器、网关板及带指示扩展板的通用调试母板、USB线。

软件：PC操作系统＋ IAR开发环境。

3. 实验内容

在IAR集成开发环境中修改Z-Stack协议栈程序，以实现点对点通信。

4. 实验原理

ZigBee 是一种高可靠的无线数传网络，类似于CDMA 和GSM 网络。ZigBee 数传模块类似于移动网络基站。通信距离从标准的75 m到几百米、几千米，并且支持无限扩展。

ZigBee 是一个由可多达65 000 个无线数传模块组成的无线数传网络平台，在整个网络范围内，每一个ZigBee 网络数传模块之间可以相互通信，每个网络节点间的距离可以从标准的75 m无限扩展。

与移动通信的CDMA网或GSM网不同的是，ZigBee网络主要是为工业现场自动化控制数据传输而建立，因而，它必须具有简单、使用方便、工作可靠、价格低的特点。移动通信网主要是为语音通信而建立，每个基站价值一般都在百万元人民币以上，而每个ZigBee“基站”却不到1 000元人民币。每个ZigBee 网络节点不仅本身可以作为监控对象，例如其所连接的传感器直接进行数据采集和监控，对于路由节点还可以自动中转别的网络节点传过来的数据资料。除此之外，每一个ZigBee网络节点（FFD）还可在自己信号覆盖的范围内，和多个不承担网络信息中转任务的孤立的子节点（RFD）无线连接。

本节我们采用一个网关节点和一个带显示指示板的路由节点进行点对点实验。当网关节点板上的功能按钮开关S1先按下、后放开后， 此信息通过无线信道发送到路由节点，路由节点收到此信息后，将7段数码管的显示值加1，显示值在“0”和“F”之间循环。

本实验修改了Z-Stack协议栈中的SAPP_FrameWork.c和OSAL.c中的程序。可打开Z-Stack协议栈中的点对点实验网关节点工程CoordinatorKeyControl和点对点实验路由节点工程

RouterLightControl，在SAPP_FrameWork.c和OSAL.c中，查看针对点对点实验增加或修改的部分程序。

5. 实验步骤

①准备一块通用调试母板、一块带显示指示板的通用调试母板、CC2000仿真器，供电并连接好。

②打开Z-Stack协议栈中的工程CoordinatorKeyControl，并进行编译。

③编译成功后，将产生的CoordinatorKey.hex烧写到通用调试母板中，作为点对点实验的网关节点。

④打开Z-Stack协议栈中的工程RouterLightControl，并进行编译。

⑤编译成功后，将产生的RouterLight.hex烧写到带显示指示板的通用调试母板中，作为点对点通信实验的路由节点。

⑥网关节点板和路由节点板均上电，等待路由节点加入网络，路由节点上的二极管指示灯D2常亮，表示网络已连接。如长时间未连接，可按路由节点的复位按钮S2对路由节点进行复位。

⑦当网络连接好后，按下网关节点板上的功能按钮开关S1，然后松开，此时路由节点板上显示指示板上的7段数码管的显示值将加1。7段数码管显示指示板如图3-4-4所示。

图3-4-4　7段数码管显示指示板

3.4.4　Z-Stack广播通信实验

1. 实验目的和要求

①学习广播通信的相关技术。

②学习如何修改Z-Stack协议栈程序以实现广播通信。

2. 实验设备

硬件：教学实验箱、PC。

软件：PC操作系统 + IAR开发环境。

3. 实验内容

在IAR集成开发环境中修改Z-Stack协议栈程序，以实现广播通信。

4. 实验原理

广播通信实验实现个域网内一个用户对多个用户之间一对多的单向传送。广播通信时接收端不能进行传送是否成功的确认应答。广播通信时，发送的网络短地址为0xffff，此时所有网络内的端节点均无条件接收此数据。不进行本身的短地址核对。

本实验我们采用一个网关节点、一个带显示指示板的路由节点、一个带电机控制板的路由节点进行广播通信实验。当网关节点板上的功能按钮开关S1先按下、后放开后， 此信息通过无线信道发送到两个路由节点，带显示指示板的路由节点收到此信息后，将7段数码管的显示值加1，显示值在“0”和“F”之间循环；带电机控制板的路由节点收到此信息后，将直流电机的运转状态反向，如以前为运转状态，现在就停止下来，如以前为停止状态，现在就运行起来。

本实验修改了Z-Stack协议栈中的SAPP_FrameWork.c和OSAL.c中的程序。可打开Z-Stack协议栈中的广播实验网关节点工程CoordinatorBroadcast和广播实验路由节点工程RouterLightControl，在SAPP_FrameWork.c和OSAL.c中，查看针对广播通信实验增加或修改的部分程序。可通过查找KEY、LIGHT和 BROADCAST宏定义判别的部分快速找到。

5. 实验步骤

①准备一块通用调试母板、一块带显示指示板的通用调试母板、一块带电机控制板的通用调试母板、CC2000仿真器，供电并连接好。

②打开Z-Stack协议栈中的工程CoordinatorBroadcast，并进行编译。

③编译成功后，将产生的CoordinatorBroadcast.hex烧写到通用调试母板中，作为广播实验的网关节点。

④打开Z-Stack协议栈中的工程RouterLightControl，并进行编译。

⑤编译成功后，将产生的RouterLight.hex分别烧写到带显示指示板的通用调试母板和带电机控制板的通用调试母板中，作为广播通信实验的路由节点。

⑥网关节点板和路由节点板均上电，等待路由节点加入网络，路由节点上的二极管指示灯D2常亮，表示网络已连接。如长时间未连接，可按路由节点的复位按钮S2对路由节点进行复位。

⑦当网络连接好后，按下网关节点板上的功能按钮开关S1，然后松开，此时观察带显示指示板的路由节点板上的显示指示板，其上的7段数码管的显示值将加1。观察带电机控制板的路由节点板上的电机的起停状态，其将发生改变。调试模板与仿真器如图3-4-5所示。

图3-4-5　调试模板与仿真器

3.4.5　Z-Stack星状网

1. 实验目的和要求

掌握无线传感器网络的工作原理，熟悉ZigBee技术的基本特性；了解星状网通信的原理，培养对相关实验设备的动手操作能力以及对实验现象的观察能力及分析能力。要求学生了解C语言的基本知识，了解IAR中修改实验例程中有关网络配置程序的方法。

2. 实验设备

硬件：PC、CVT-WSN 教学实验箱中的常用传感器模块、网关及CC2000 仿真器。

软件：Windows 7 操作系统、IAR 开发环境、SmartRF Flash Programmer 烧写程序和物联网综合实验平台（多传感器）软件。

3. 实验内容

①进行IAR嵌入式集成开发环境的基本操作。

②修改 Z-Stack 协议栈程序，配置星状网网络节点类型。

③编译CC2530单片机可执行程序。

④单片机程序烧写。

⑤星状网组网并通过实验平台软件观察网络拓扑图，读取相应的传感数据。

4. 实验原理

本实验是通过修改 Z-Stack 协议栈源代码，以支持实验箱的所有传感器、组网及数据传输等实验。

TI 公司在提供 ZigBee 无线单片机 CC2530 的同时，也提供了 Z-Stack 协议栈源代码，以方便设计人员将 Z-Stack直接移植到CC2530上使用，使其支持 IEEE 802. 15. 4/ZigBee协议。

通过 IAR 软件打开 TI 的 Z-Stack 协议栈，如图3-4-6所示。

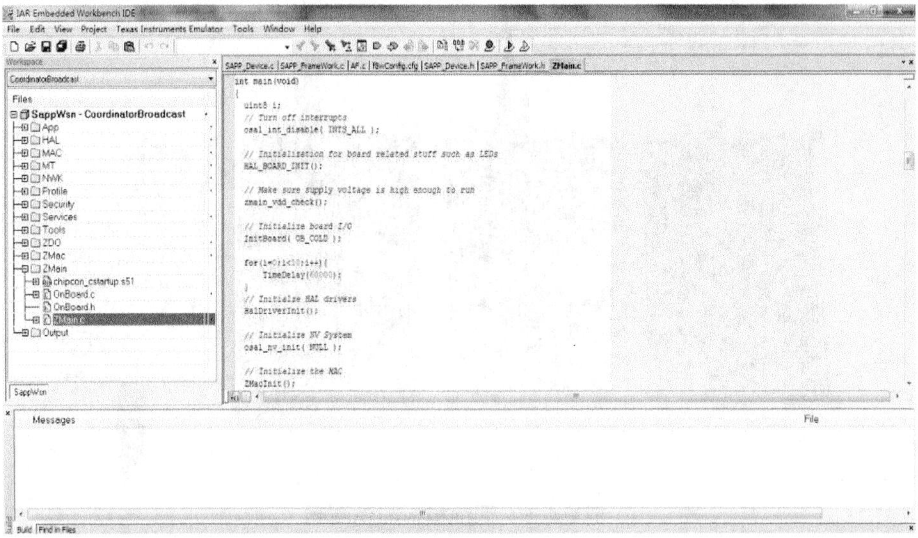

图3-4-6 Z-Stack 协议栈

软件界面左边的文件夹目录下放的程序内容、各个文件夹中程序实现的功能如下：

APP（ApplicationProgramming）：应用层目录，这是用户创建各种不同工程的区域，在这个目录中包含了应用层的内容和这个项目的主要内容。如：用户应用程序及接口，包括串口数据处理、无线接收数据处理、用户LCD 显示处理、传感器数据读取和发送等。

HAL（Hardware (H/W) Abstraction Layer）：硬件层目录，包含与硬件相关的配置和驱动及操作函数。

MAC：MAC 层目录，包含了MAC 层的参数配置文件及其MAC 的LIB 库的函数接口文件。

MT（Monitor Test）：实现通过串口可控各层，与各层进行直接交互。

NWK（ZigBee Network Layer）：网络层目录，含网络层配置参数文件及网络层库的函数接口文件、APS 层库的函数接口。

OSAL（Operating System (OS) Abstraction Layer）：协议栈的操作系统。

Profile：AF（Application work）层目录，包含AF 层处理函数文件。

Security：安全层目录，安全层处理函数，比如加密函数等。

Services：地址处理函数目录，包括地址模式的定义及地址处理函数。

Tools：工程配置目录，包括空间划分及ZStack 相关配置信息。

ZDO（ZigBee Device Objects）：ZDO 目录。

ZMac：MAC 层目录，包括MAC 层参数配置及MAC 层LIB 库函数回调处理函数。

ZMain：主函数目录，包括入口函数及硬件配置文件。

Output：输出文件目录，这个是EW8051 IDE 自动生成的。

Z-Stack 协议栈用操作系统的思想来构建，采用事件轮询机制。当各层初始化之后，系统进入低功耗模式，当事件发生时，唤醒系统，开始进入中断处理事件，结束后继续进入低功耗模式。

如果同时有几个事件发生，则判断优先级，逐个处理事件。这种软件构架可以极大地降级系统的功耗。

整个Z-Stack 的主要工作流程，大致分为系统启动、驱动初始化、OSAL 初始化和启动、进入任务轮循几个阶段。

（1）TI的Z-Stack协议栈启动流程

可打开ZMain文件夹中的ZMain.c文件，查看int main(void)函数，协议栈即从此函数开始运行，其启动流程如图3-4-7所示。

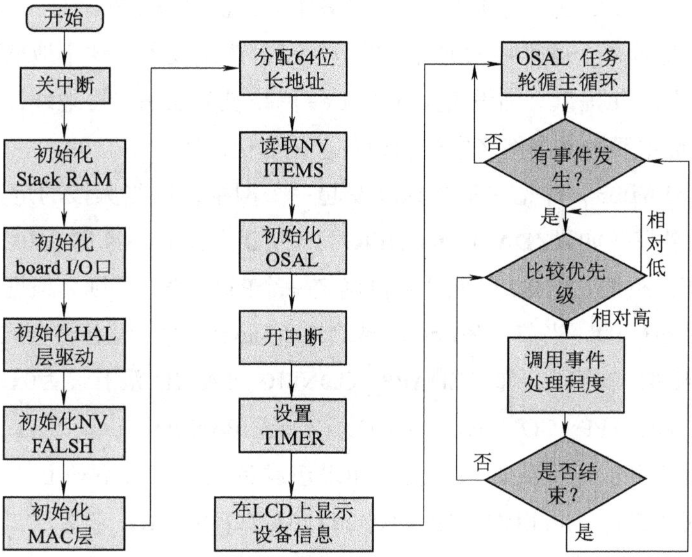

图3-4-7　TI的Z-Stack协议栈启动流程

（2）系统初始化

系统上电后，通过执行ZMain文件夹中ZMain.c的ZSEG int main()函数实现硬件的初始化。硬件初始化需要根据HAL文件夹中的hal_board_cfg.h文件配置8051的寄存器。TI 官方发布Z-stack的配置针对的是TI 官方的开发板CC2530DB、CC2530EMK等，如采用其他开发板，则需根据原理图设计改变hal_board_cfg.h 文件配置，如按键多少及其对应的I/O口、LED指示灯的多少及其对应的I/O口、串口的波特率及中断还是DMA操作方式、是否有LCD等。也可以通过宏定义的方式，将硬件的功能模块的操作放开或屏蔽掉。

当顺利完成初始化时，执行osal_start_system()函数开始运行OSAL 系统。该任务调度函数按照优先级检测各个任务是否就绪，如果存在就绪的任务则调用tasksArr[ ]中相对应的任务处理函数去处理该事件，直到执行完所有就绪的任务。如果任务列表中没有就绪的任务，则可以使处理器进入睡眠状态实现低功耗。程序流程如图3-4-8所示。osal_start_system()一旦执行，则不再返回Main()函数。

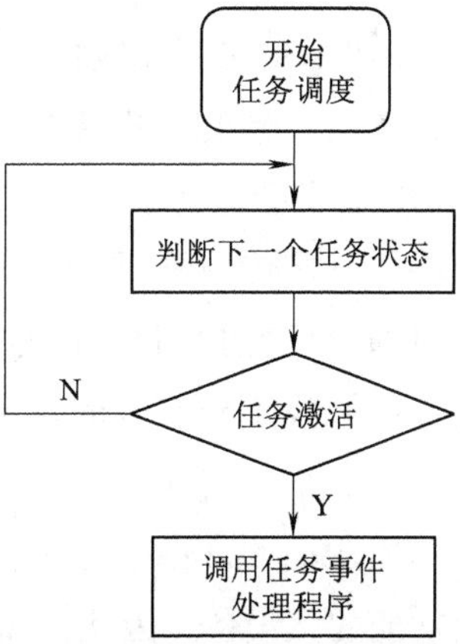

图3-4-8　Z-Stack协议栈系统初始化流程

（3）OSAL 任务

OSAL是协议栈的核心，Z-Stack 的任何一个子系统都作为OSAL 的一个任务，因此在开发应用层的时候，必须通过创建OSAL任务来运行应用程序。通过osalInitTasks()函数创建OSAL任务，其中TaskID 为每个任务的唯一标识号。任何OSAL任务必须分为两步：一是进行任务初始化；二是处理任务事件。

（4）网络层信息

ZigBee 设备有两种网络地址：一个是64 位的IEEE 地址，通常也叫作MAC 地址或者扩展地址（Extended address），另一个是16 位的网络地址，也叫作逻辑地址（Logical address）或者短地址。64 位长地址是全球唯一的地址，并且终身分配给设备。这个地址可由制造商设定或者在安装时设置，由IEEE提供。当设备加入ZigBee 网络被分配一个短地址，在其所在的网络中是唯一的，这个地址主要用来在网络中辨识设备、传递信息等。

协调器（Coordinator）首先在某个频段发起一个网络，网络频段的定义放在DEFAULT_CHANLIST 配置文件里。如果ZDAPP_ CONFIG_ PANID 定义的PAN ID 是0xFFFF（代表所有的PAN ID），则协调器根据它的IEEE 地址随机确定一个PAN ID。否则，根据ZDAPP_CONFIG_PANID 的定义建立PAN ID。当节点为Router 或者End Device 时，设备将会试图加入DEFAULT_CHANLIST 所指定的工作频段。如果ZDAPP_ CONFIG_ PANID 没有设为0xFFFF，则Router 或者End Device 会加入ZDAPP_ CONFIG_ PANID 所定义的PAN ID。

设备上电之后会自动形成或加入网络，如果想设备上电之后不马上加入网络或者在加入网络之前先处理其他事件，可以通过定义HOLD_AUTO_START 来实现。通过调用ZDApp_StartUpFromApp()来手动定义多久之后开始加入网络。

设备如果成功地加入网络，会将网络信息存储在非易失性存储器（NV Flash）里，掉电后仍然保存，这样当再次上电后，设备会自动读取网络信息，这样设备对网络就有一定的记忆功能。对NV Flash 的动作，通过NV_RESTORE()和NV_ITNT()函数来执行。

有关网络参数的设置大多保存在协议栈Tools 文件夹的f8wConfig.cfg 里。

（5）路由

Z-Stack 采用无线自组网按平面距离矢量路由协议AODV建立一个Hoc 网络，支持移动节点，链接失败和数据丢失，能够自组织和自修复。当一个Router 接收到一个信息包之后，NMK 层将会进行以下的工作：首先确认目的地，如果目的地就是这个Router 的邻居，信息包将会直接传输给目的设备，否则，Router 将会确认和目的地址相应的路由表条目；如果对于目的地址能找到有效的路由表条目，信息包将会被传递到该条目中所存储的下一个hop 地址；如果找不到有效的路由表条目，路由探测功能将会被启动，信息包将会被缓存直到发现一个新的路由信息。

ZigBee End Device 不会执行任何路由函数，它只是简单地将信息传送给前面的可以执行路由功能的父设备。因此，如果End Device 想发送信息给另外一个End Device，在发送信息之间将会启动路由探测功能，找到相应的父路由节点。

另外，在工程文件夹NWK目录中的nwk_globals.h 文件里有对网络拓扑结构的定义，如下：

```
#define NWK_MODE NWK_MODE_STAR //星状网络
```

//#define NWK_MODE NWK_MODE_TREE //树状网络

//#define NWK_MODE NWK_MODE_MESH //网状网络通过修改

通过对NWK_MODE 模式的设置，即可更改网络拓扑结构。

在工程文件夹Tools中f8wConfig.cfg文件里有对网络组网号及无线通道号的定义。

网络组网号（私有网络标识号）定义语句为：

-DZDAPP_CONFIG_PAN_ID=0x0001

无线通道号定义语句为：

-DDEFAULT_CHANLIST=0x04000000 // 26 - 0x1A

5. 实验步骤

①准备实验板。本实验使用单片机网关板作为 ZigBee网络中的网关节点；传感器类型板1、传感器类型板 2、传感器类型板3作为 ZigBee网络中的终端节点。

②使用IAR 打开协议栈SappWsn.eww 工程文件。在“实验例程及协议栈程序\协议栈\ZStack-CC2530\ Projects \SappWsn”中找到SappWsn.eww。

③配置网关节点。在工程配置方案选择栏中有很多不同的配置选项，它们是对不同的实验进行的 ZSTACK源码配置。在Workspace项下选择CoordinatorEB工作区，进行网关节点的配置。

④在CoordinatorEB工作区里，修改NWK目录nwk_globals.h文件中的NWK_MODE，定义为NWK_MODE_STAR，如图3-4-9所示。

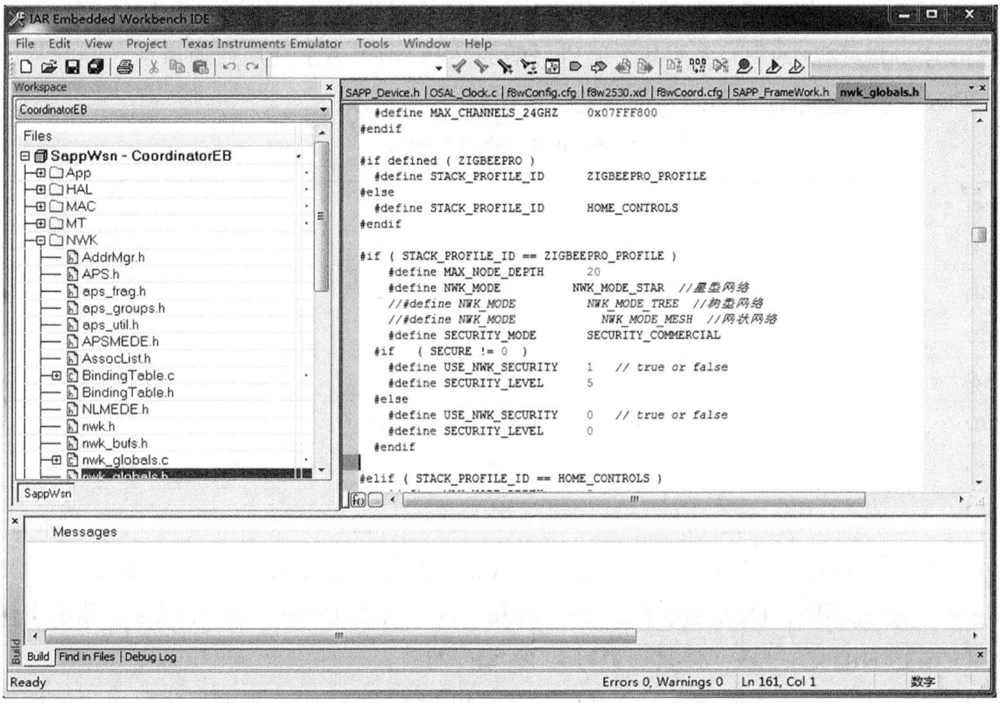

图3-4-9 修改NWK_MODE定义

⑤设置 PANID（私有网络标识号）和 Chanel（通道号）。打开协议栈中 Tools 目录，双击

f8wConfig.cfg，如图3-4-10所示。

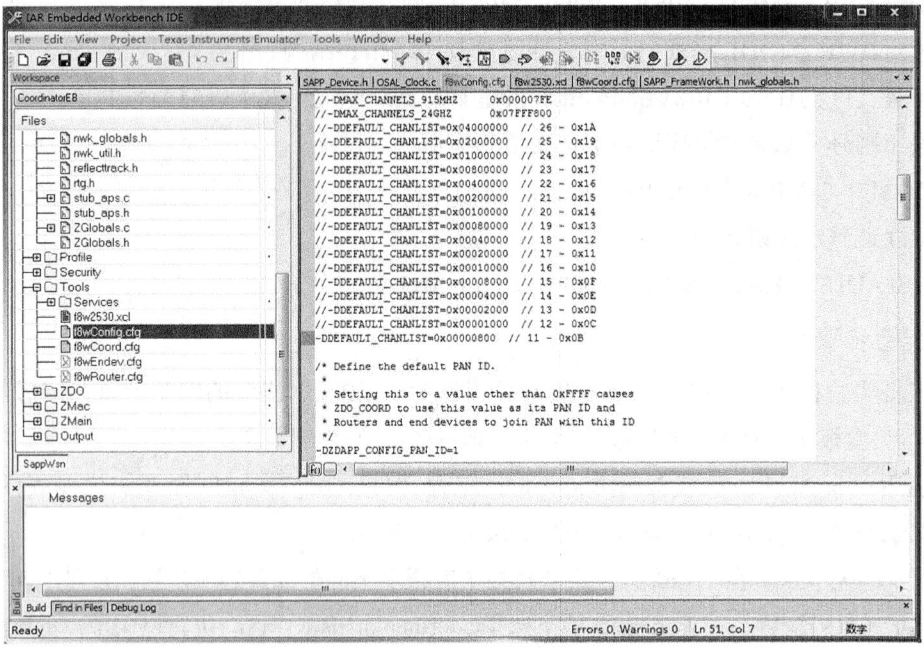

图3-4-10　设置PANID和Chanel

先设置私有网络标示，然后选取通道号。在设置私有网络标示的时候，必须保证每组实验使用不同的数值，否则会串网，这里按实验时每组的组号来区分（建议取值1~32）。

通道号一共只有16个，去掉某个通道号前的注释"//"表示使用此通道号，同时只能使用一个。保证每组试验箱设置不同。选取通道号如表3-4-2所示。

表3-4-2　通道号列表

Chanel	11	12	13	14	15	16	17	18
PANID	1	2	3	4	5	6	7	8
PANID	17	18	19	20	21	22	23	24
PANID	33	34	35	36	37	38	39	40
Chanel	19	20	21	22	23	24	25	26
PANID	9	10	11	12	13	14	15	16
PANID	25	26	27	28	29	30	31	32
PANID	41	42	43	44	…	…	…	…

⑥修改选择Options选项。右击SappWsn.eww工程，选择Options菜单命令，在General Options→Target选项中，Device选择CC2530F256，Format为Other。Output file中输出文件名为CoorCH××PANID××.hex，使其通道号和PANID对应。

⑦编译工程 。右击工程名称，选择Rebuild all，编译SappWsn.eww工程，生成可执行文件CoordinatorKeyCh××.hex，此文件作为网关程序。生成的可执行文件位于"实验例程及协议栈程序\协议栈\ZStack-CC2530\ Projects\ SappWsn\ CoordinatorEB \Exe"目录下。

⑧配置终端节点。在 Workspace项下选择 EndDeviceEB。打开 APP目录，在里面选择 SAPP_Device.h 文件，定义传感节点设备。将“#define SENSORBOARD 1 ”前面的注释双斜杠“//”删除并将其他定义注释掉，这里SENSORBOARD1对应传感器板 1的相关传感器功能，如图3-4-11所示。

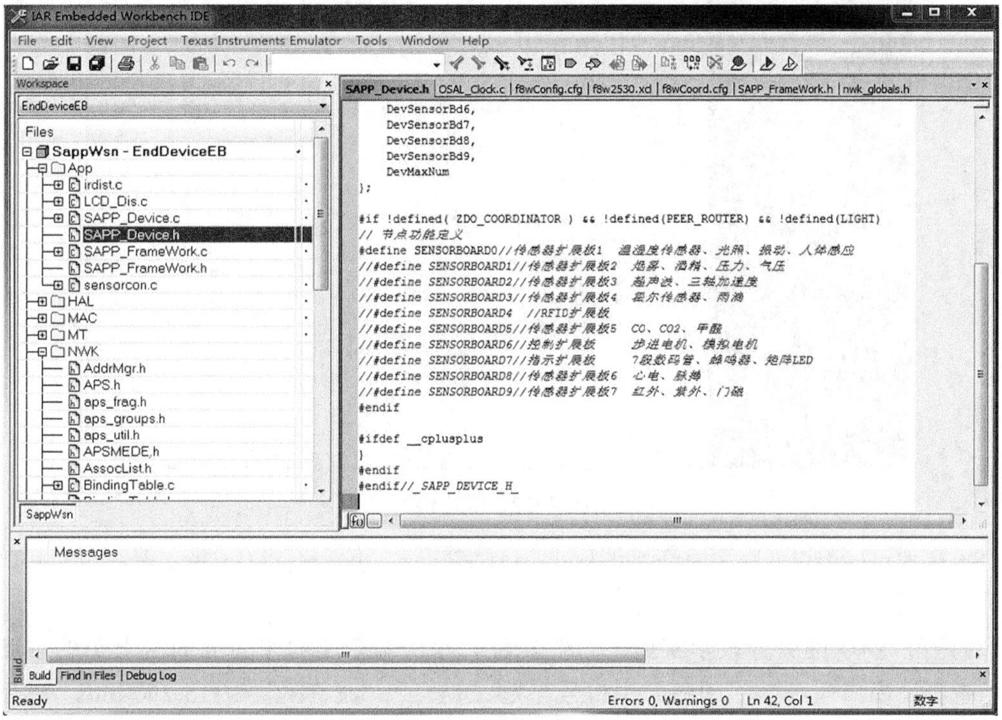

图3-4-11　配置终端节点

⑨右击 SappWsn.eww工程，更改 Options中 Device，选择 CC2530F256，Format 为 Other，Output file 中输出文件名为SEN1CH××PANID××.hex，使其传感器类型、通道号和 PANID 对应。

⑩“Rebuild all”编译 SappWsn.eww— EndDeviceEB工程，生成可执行文件SEN1CH××PANID××.hex。

⑪重复终端节点的配置步骤，并编译生成相应传感节点板的可执行文件：SEN2CH××PANID××.hex；SEN3CH××PANID××.hex。所有程序编译完成后，关闭IAR软件。

⑫烧写程序。拿出开始准备好的网关板，连接USB供电，并通过CC2000 仿真器连接到 PC 。打开 SmartRF FlashProgrammer 烧写软件，检查仿真器是否连接成功。

在 Flash image 栏找到之前生成的网关程序CoorCH××PANID××.hex。单击Perform actions烧写，如图3-4-12所示，将网关程序烧写到网关板中。

重复程序烧写步骤，将各终端节点板程序烧写到对应的终端节点板中：将SEN1CH××PANID××.hex烧写到传感器板 1 中；将SEN2CH××PANID××.hex烧写到传感器板2中；将SEN3CH××PANID××.hex烧写到传感器板3中。

⑬程序全部烧写完毕后，关闭烧写程序，将所有传感网络节点摆放到实验桌上。

⑭将网关节点板用串口线连接网关和 PC机，并通过USB给网关节点板上电。网关开始工作，建立新网络，等待终端节点加入网络。

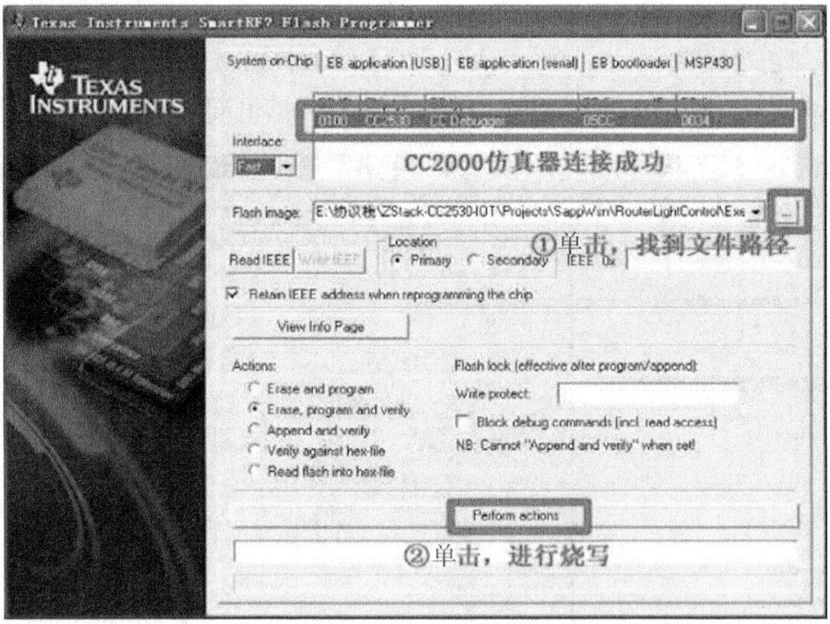

图3-4-12　程序烧写

⑮依次通过USB给终端节点传感器板 1、传感器板 2、传感器板 3上电。终端节点自己发现网络并加入网络。

⑯打开“物联网综合教学实验平台”软件。单击综合实验平台界面左上角的“连接设置”，选择“串口连接”，设置“串口号”为COM1，“波特率”为115 200 bit/s。然后单击“建立连接”。

⑰建立连接成功后，观察网络的星状拓扑图。并单击网络拓扑图上的终端节点，观察从相应传感器板传送出的传感数据信息，如图3-4-13所示。

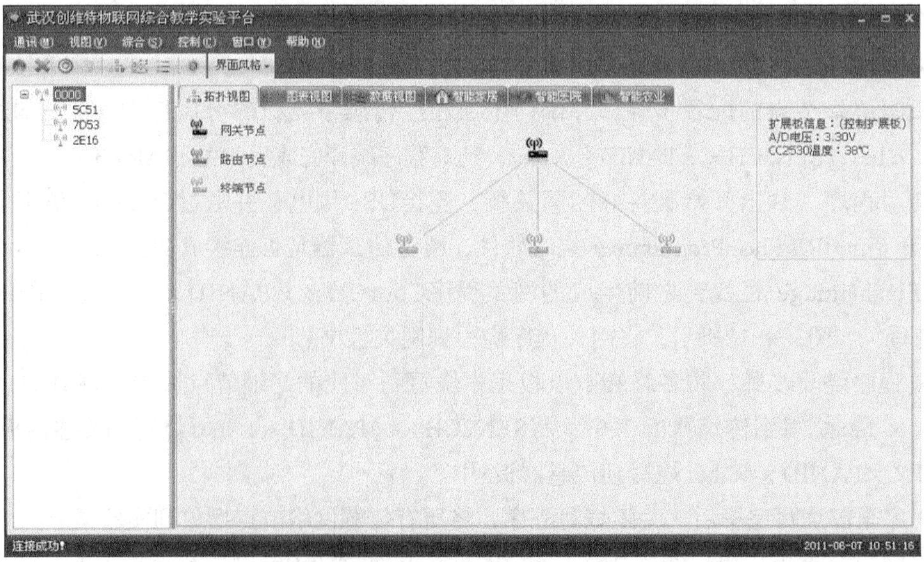

图3-4-13　查看运行结果

3.4.6　Z-Stack树状网

1. 实验目的和要求

掌握无线传感器网络的工作原理，熟悉ZigBee技术的基本特性，了解树状网通信的原理，培养对相关实验设备的动手操作能力以及对实验现象的观察能力及分析能力。要求学生了解C语言的基本知识，了解IAR中修改实验例程中有关网络配置程序的方法。

2. 实验设备

硬件：PC、CVT-WSN 教学实验箱中的常用传感器模块、网关及CC2000 仿真器。

软件：Windows 7 操作系统、IAR 开发环境、SmartRF Flash Programmer 烧写程序和物联网综合实验平台（多传感器）软件。

3. 实验内容

①进行IAR嵌入式集成开发环境的基本操作。

②修改 Z-Stack 协议栈程序，配置树状网网络节点类型。

③编译CC2530单片机可执行程序。

④单片机程序烧写。

⑤树状网组网，并通过实验平台软件观察网络拓扑图，读取相应的传感数据。

4. 实验原理

Z-Stack 协议栈以及整个Z-Stack 的主要工作流程介绍见实验3.4.2。

5. 实验步骤

①准备实验板。使用单片机网关板作为ZigBee网络中的网关节点；传感器板0作为路由节点、传感器板 1、传感器板2作为ZigBee网络中的终端节点。

②使用IAR打开ZStack协议栈中SappWsn工程，修改相关工程配置。启动IAR Embedded Workbench，打开SappWsn.eww工程文件（\实验例程及协议栈程序\协议栈\ZStack-CC2530\Projects\SappWsn\SappWsn.eww）。在Workspace项下选择CoordinatorEB工作区。

③在CoordinatorEB工作区里，修改NWK目录nwk_globals.h文件，将NWK_MODE定义为NWK_MODE_TREE。

④设置PANID和Chanel。展开 CoordinatorEB下的 tools目录，双击目录下的子文件“f8wconfig.cfg”，修改文件中的DDEFAULT_CHANLIST（通道号）和 PANID。

⑤右击 SappWsn.eww 工程， Options 中 Device 选择 CC2530F256，Format 为 Other，Output file 中输出文件名为 CoorCH××PANID××.hex，使其通道号和 PANID 对应。

⑥执行命令Rebuild all编译SappWsn.eww工程，生成 CoorCH××PANID××.hex 文件作为网关程序。

⑦在 Workspace项下选择 RouterEB，打开APP目录，在里面选择SAPP_Device.h 文件，定义路由节点板。

⑧右击 SappWsn.eww工程，更改 Options中的Device，选择CC2530F256，Format 为 Other，

Output file 中输出文件名为SEN0CH××PANID××.hex，使其传感器类型、通道号和PANID对应。

⑨执行命令“Rebuild all”编译工程，生成可执行文件SEN0CH××PANID××.hex，作为路由节点（传感器板0）的程序。

⑩在 Workspace项下选择 EndDeviceEB，打开APP目录，在里面选择SAPP_Device.h 文件，定义终端节点板。

⑪右击 SappWsn.eww 工程， Options 中 Device 选择 CC2530F256，Format 为 Other，修改Output file名称SEN1CH××PANID××.hex，并编译生成传感板1的终端节点程序。

⑫重复终端节点配置步骤，编译生成传感器板2的终端节点程序SEN2CH×× PANID××.hex。所有传感节点板程序编译完成后，闭关IAR程序。

⑬烧写程序。将实验板通电，并连接到 CC2000 仿真器，然后使用 SmartRF 烧写。将CoorCH××PANID××.hex烧写到网关板中；将SEN0CH××PANID××.hex烧写到传感器板0中；将SEN1CH××PANID××.hex烧写到传感器板1中；将SEN2CH××PANID××.hex烧写到传感器板2中。

⑭所有节点板程序烧写完毕后，关闭烧写程序。将所有传感网络节点摆放到实验桌上。

⑮网关板用串口线连接到PC，并通过USB给网关板上电。网关开始工作，建立新网络，等待终端节点加入网络。

⑯路由和终端节点均上电，各节点自行发现网络并加入网络。

⑰打开“物联网综合教学实验平台”软件。单击综合实验平台界面左上角的“连接设置”，选择“串口连接”，设置“串口号”为COM1，“波特率”为115 200 bit/s。然后单击“建立连接”。建立连接成功后，观察网络的树状拓扑图。并单击网络拓扑图上的终端节点，观察从相应传感器板传送出的传感数据信息，如图3-4-14所示。

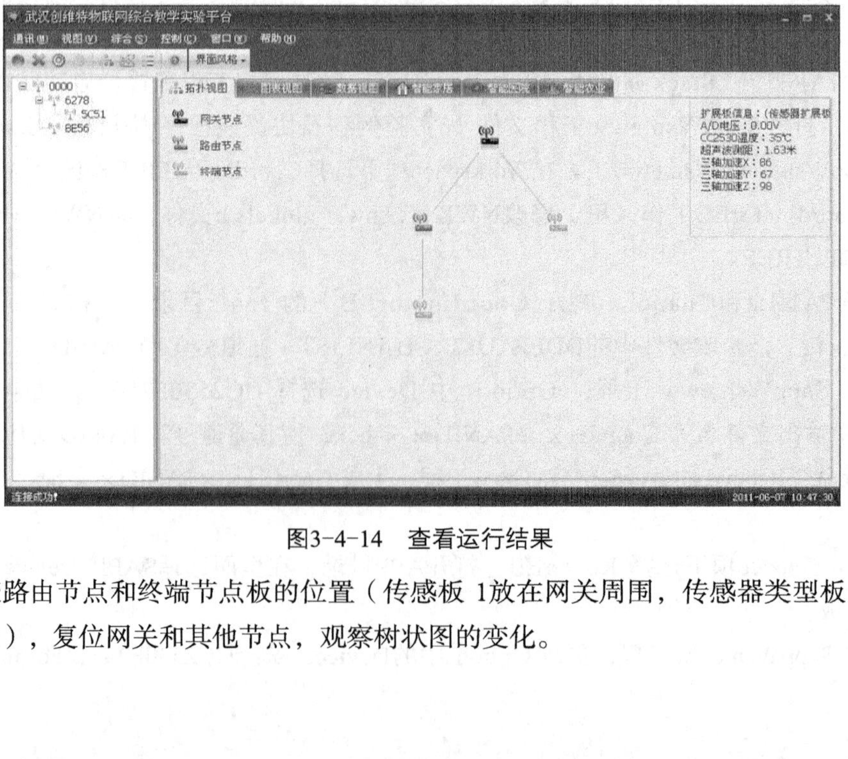

图3-4-14　查看运行结果

⑱改变路由节点和终端节点板的位置（传感板 1放在网关周围，传感器类型板 2拿在稍远一点的位置），复位网关和其他节点，观察树状图的变化。

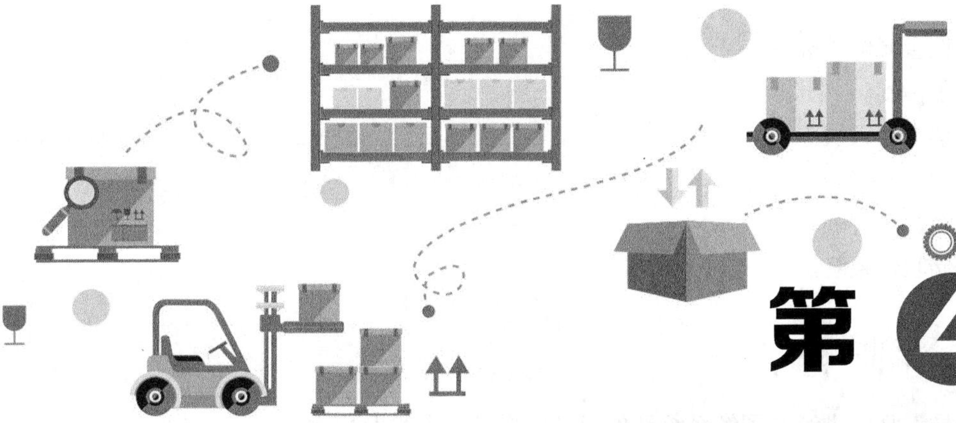

第4章 智能仓储实训

智能仓储实训平台以仓储智慧化为应用背景，综合应用RFID、Wi-Fi、GPS/GIS和WSN等物联网技术，实现了收货、入库、盘点、分拣和出库等环节的智能化管理。智能仓储管理系统具有到货检验、产品分类、入库管理、订单处理、货物分拣、出库管理、库存管理、仓库结算、人员管理、资产管理、环境监测等功能。考虑到课时限制，本章仅安排系统软硬件认知、基础数据整理、入库操作、仓库盘点、出库操作和环境监控等6个实训项目，实训重点在于系统软硬件工作原理的理解，实训采取教师讲授+学生操作相结合方式进行。

4.1 智能仓储软件系统和硬件系统认知实训

4.1.1 实训目的和要求

①了解系统硬件组成、功能和原理，重点熟悉电子标签、RFID读写器、手持终端和传感器的参数和用途。

②了解软件系统的功能模块和主要业务流程，主要熟悉入库流程、出库流程和盘点流程等。

③熟悉手持终端的基本操作。

4.1.2 实训设施与设备

①分体式特高频读卡器。

②高频读卡器。

③Wi-Fi设备服务器。

④特高频抗金属电子标签。

⑤高频电子标签。

⑥特高频读卡器天线。

⑦传感器。

⑧手持终端。

⑨智能仓储软件系统。

4.1.3 实训内容

①根据指导教师的讲解，了解系统硬件设备的原理、参数及用途。

②在实训教师的讲解、演示和指导下熟悉智能仓储管理系统功能模块组成，对智能仓储系统的整个运作流程有一个初步的了解。

4.1.4 实训步骤

1. 熟悉实训系统设备

（1）分体式特高频读卡器（见图4-1-1）

设备参数：

图4-1-1　分体式特高频读卡器

• 频率范围：902 ~ 928 MHz。

• 射频输出功率：最大30 dBm（可调）。

• 空中接口协议：ISO18000-6C（EPC CLASS1 G2）、ISO18000-6B。

• 工作模式：支持主动、应答、触发3种工作模式。

• 防冲突模式：支持EPC和TID两种防冲突模式。

• 天线数量：1 ~ 4个。

• 通信接口：RS-232，RS-485以及RJ-45（可选）通信接口。

• 电源外接：9V DC。

设备用途：与特高频读卡器天线连接组成产品监控设备，通过对设备和仪器的特高频电子标签动态扫描，实时监控房间内设备和仪器的状态，结合门禁设备，对设备非授权情况下离开监控位置给出提示和报警。

（2）高频读卡器（见图4-1-2）

设备参数：

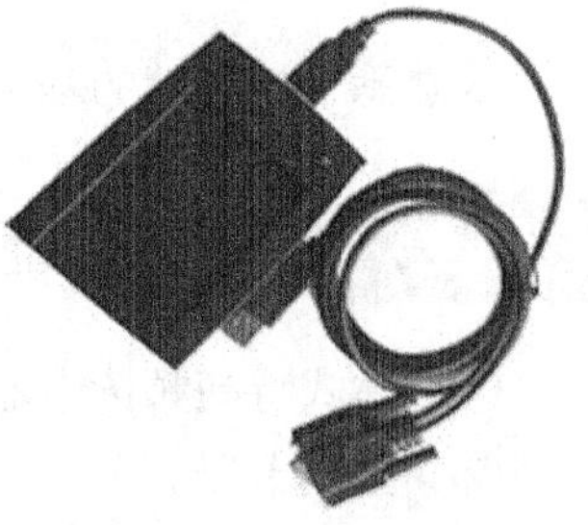

图4-1-2　高频读卡器

• 工作频率：13.56 MHz。

• 支持协议：ISO/IEC 14443 TYPE A/B。

• 通信接口：RS-232。

• 通信波特率：1 200 ~ 115 200 bit/s，自动波特率调整。

图4-1-3　Wi-Fi设备服务器

· 读卡距离：0 ~ 10 cm。

· 电源：DC 5 V 1A USB 电源供电。

· 整机电流：小于120 mA。

· 最大功耗：100 mW。

设备用途：读取人员高频电子标签，将标签卡号传送回系统后台来检验人员权限。

（3）Wi-Fi设备服务器（见图4-1-3）

设备参数：

· 通信接口：RS-232（DB9 公头）。

· 通信波特率：1 200~115 200 bit/s。

· 校验方式：支持奇、偶、无校验。

· 无线通信协议：IEEE 802.11B/G。

· 无线标准支持频率范围：2.412~2.484 GHz。

· 组网模式：基础网（Infra），自组网（Ad-hoc）。

· 支持多种安全认证机制：WEP64/WEP128/ TKIP/CCMP(AES)WEP/WPA-PSK/WPA2-PSK 。

· 管理方式：串口，Web两种管理方式。

· 工作电源：DC 5V。

设备用途：将不同特高频读卡器、高频读卡器等不同通信接口的设备接入到Wi-Fi网络，实现系统统一的无线通信网络。

图4-1-4　特高频抗金属电子标签

（4）特高频抗金属电子标签（见图4-1-4）

设备参数：

· 工作频率：860~960 MHz。

· 支持协议：ISO18000-6C。

设备用途：具有较强的抗金属干扰功能，可以安装到金属材质的设备仪器上，作为设备的唯一标识。分体式特高频读卡器可以远距离实时读取标签信息，以便对设备实时动态的监控。

图4-1-5　高频电子标签

（5）高频电子标签（见图4-1-5）

设备参数：

· 工作频率：13.56 MHz。

· 工作协议：ISO/IEC 14443。

设备用途：工作人员随身携带，当工作人员在高频读卡器刷卡时，系统通过卡号识别工作人员身份，检验工作人员权限。

（6）特高频读写器天线（见图4-1-6）

设备参数：

· 工作频率：13.56 MHz。

· 工作协议：ISO/IEC 14443。

设备用途：商品出库和入库监测，堆高车、地牛和托盘的位置监控。

（7）传感器

实训仓库内部署有温湿度传感器、光照传感器、红外传感器、烟雾传感器和二氧化碳传感器。通过这些传感器对仓库环境进行实时监测，相关环境参数如果超标（超过预设值），软件系统就会给出图文提示和声音报警。

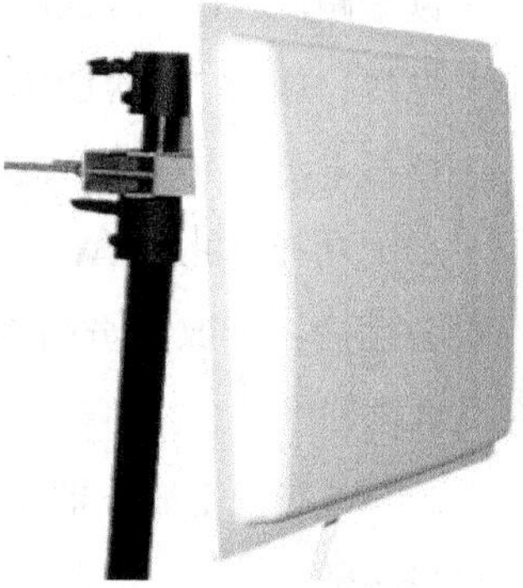

图4-1-6　特高频读写器天线

（8）手持终端（见图4-1-7）

手持终端能实现移动收货、组托、上架和拣货功能。在使用手持终端软件的时候，首先需要打开Wi-Fi功能，接入网络。手持终端打开Wi-Fi功能操作如下：

选择CommMgr软件，打开后单击Enable Wlan，即可打开Wi-Fi功能，如图4-1-8和图4-1-9所示。

图4-1-7　手持终端

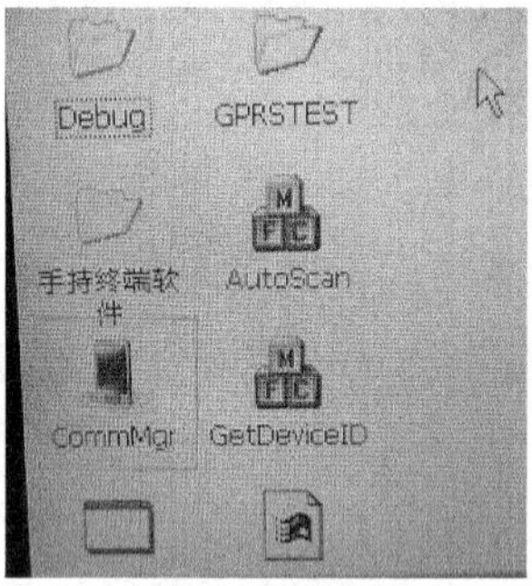

图4-1-8　手持CommMgr软件

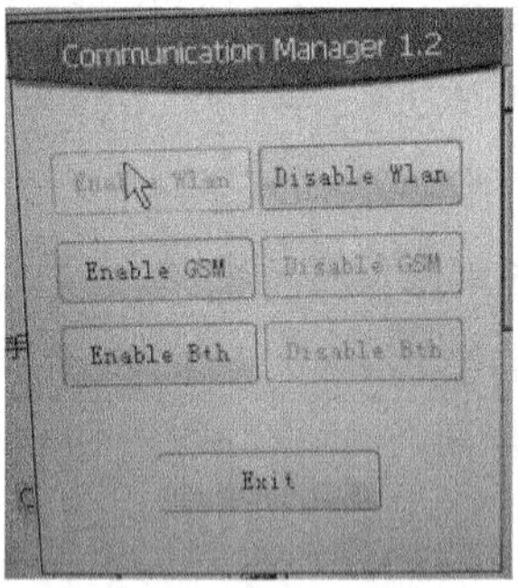

图4-1-9　打开Wi-Fi功能

2. 熟悉实训系统软件

实训系统软件的登录界面如图4-1-10所示。填写用户名、密码，登录成功后进入主页面，如图4-1-11所示。智能仓储管理软件包括：基础数据、入库管理、出库管理、库存管理、门禁管理、设备管理、环境监测、人员管理、货位管理、运输管理、报表管理等模块。

图4-1-10　系统登录界面

图4-1-11　系统主页面

软件子系统各能模块功能如下所述。

①基础数据：包括仓库、货架、货位、托盘、供应商、产品种类、产品、客户、运输、存储、税种、币种、设置安全库存、付款条件、DPS电子标签设置等基础资料部分，主要操作就是增、删、改、查，以及保存基础资料到数据库，以便之后的模块进行操作。

②入库管理：入库模块包含采购订单、收货，入库计划、组托上架等数据添加和修改功能，其组托与上架功能是系统自动完成的，需要手持终端配合操作。

③出库管理：出库模块包含的功能有订单、出库计划，以及确认出库等数据的添加，修改等功能，需要手持终端协助操作。

④库存管理：包括盘点计划、盘点作业、库存调整，盘点模块提供盘点结果自动核对，并能按盘点结果纠正系统数据，需用手持终端下载相关任务数据后操作，然后在网页上决定是否要更新库存信息。

⑤门禁管理：主要包括权限管理和网络节点管理，给用户赋予权限来完成相关操作，未赋予权限的用户不能完成相关操作。

⑥设备管理：包括设备基础信息、设备使用状态、设备类型、设备使用记录；主要用于设备信息的增、删、改、查，以及对设备的监控，没有设备操作权限的人取走设备是非法操作，而且所有的设备操作记录都已自动存储进数据库。

⑦环境监测：包括传感器管理、监控走势图、历史数据查询；对当前的传感器信息进行查询以及传感器历史信息的记录。

⑧人员管理：对人员信息进行添加、修改、删除和查询。

⑨货位管理：货位图主要是用于显示当前仓库的存储情况的显示，可以查看入库和出库后仓库货位图的变化。

⑩运输管理：包括站点管理、路线管理、运单管理、装车计划、GPS定位、月台管理、车辆管理等，用于运输路线的生成、装车计划的管理以及GPS定位功能的显示。

⑪报表管理：包括多个系统表的视图的显示，用于查询当前表信息。

系统出入库的流程如图4-1-12所示。

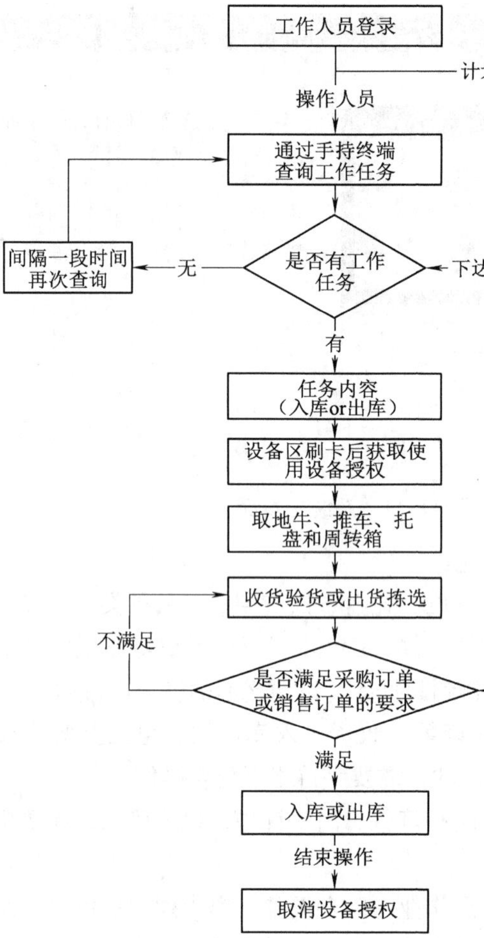

图4-1-12　系统出入库流程图

4.2　基础数据整理

4.2.1　实训目的和要求

①了解基础数据对出入库流程以及其他部分操作的影响。

②掌握基础数据录入、查询、修改和删除的操作方法。

4.2.2　实训设施与设备

智能仓储软件系统。

4.2.3　实训内容

在实训教师的讲解、演示和指导下，熟悉基础资料管理的流程，录入基础资料，对已录入资料进行查询、修改和删除。

4.2.4　实训步骤

系统开始运作前，系统管理员应初始化软件系统的基础数据。系统基础数据包括：仓库、货架、货位、托盘、供应商、产品种类、产品、客户、运输、存储、税种、币种、安全库存、付款条件、DPS电子标签等15种类型。初始化后，系统管理员还可以增加、删除或者修改其中的相关信息。

操作用户必须在操作其他模块前，确认软件数据库中是否已录入基础数据（确认基础数据可在数据查询模块中执行）。例如，用户执行入库操作时，软件系统中必须要有仓库数据、货架数据、货位数据、托盘数据、产品数据和供应商数据等，否则不能正常执行入库操作，缺少相应数据会导致系统操作出现异常。

1. 仓库

如图4-2-1所示，填写仓库的相关信息，填写完毕后单击【保存】可保存进数据库，单击【查询】，查询条件可填写也可不填写，可查询到仓库信息，点击每条信息后的【修改】，则可对此条信息进行编辑操作。

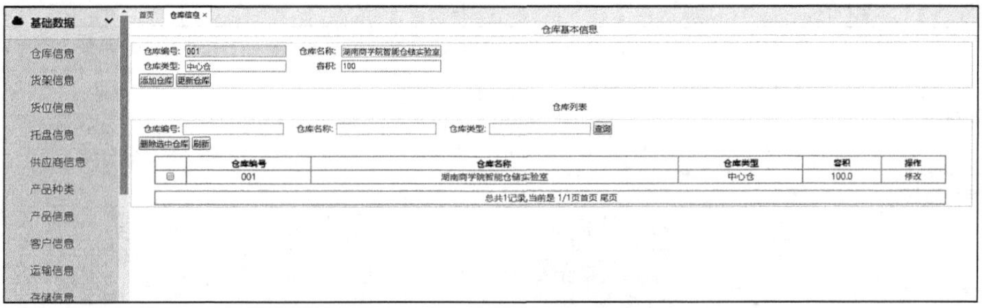

图4-2-1　仓库数据设置

2. 货架

如图4-2-2所示，填写货架的相关信息，货架的长、宽、高和承重应该填写数字，实训时可依次单击【添加货架】、【修改】、【删除选中货架】和【查询】完成相关操作。

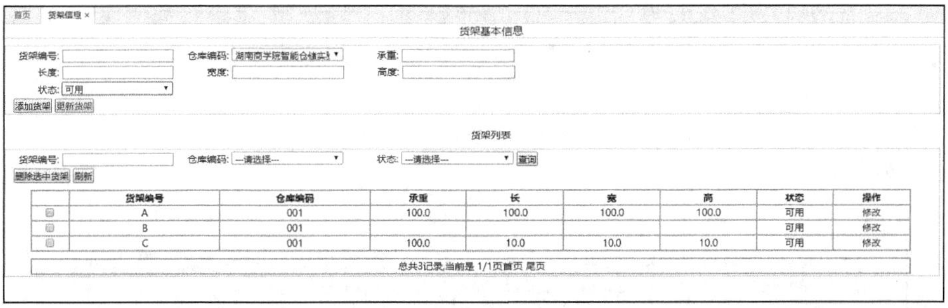

图4-2-2　货架数据设置

3. 货位

如图4-2-3所示，填写货位的相关信息，货位与仓库和货架有关，一个仓库可以有多个货架，一个货架有多个货位，“RFID电子标签”是手持终端扫描时所需要扫描的货架代号，必须保证正确性和唯一性。

图4-2-3　货位数据设置

4. 托盘

如图4-2-4所示，填写相关的托盘信息，托盘的编号是数据库自动生成的，添加时不需要填写，托盘的RFID标签也需要保证唯一性和准确性。

图4-2-4　托盘数据设置

5. 供应商

如图4-2-5所示，填写供应商的基本信息，尽量保证完整性，可以方便之后的操作。其他操作只要选择了供应商，这里填写的供应商数据项就会作为默认信息代入相应表单。

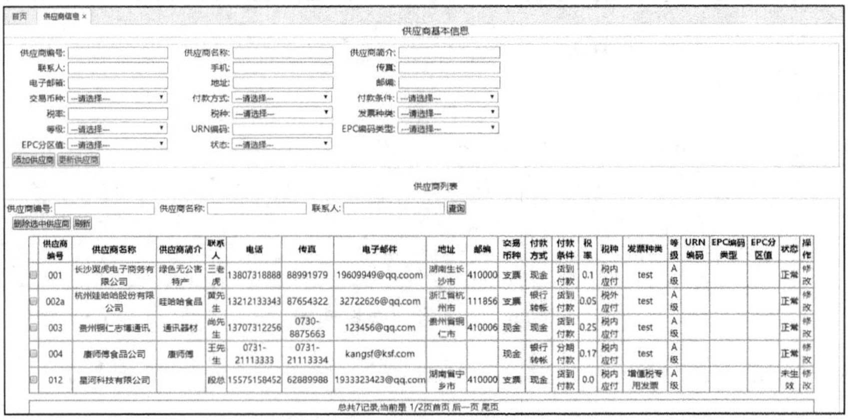

图4-2-5　供应商数据设置

6. 产品种类

如图4-2-6所示，填写产品的相关信息，产品编号为标识键，不可重复，产品种类代表的是产品的分类，用于方便产品的储存、运输和调用等。

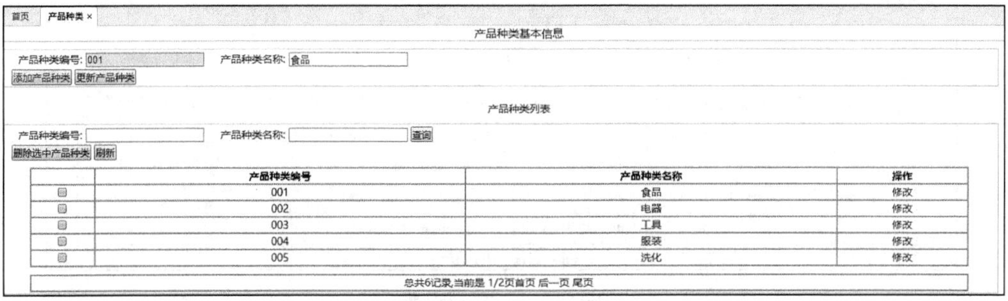

图4-2-6　产品种类设置

7. 产品

如图4-2-7所示，填写产品的相关信息，其中“产品分类”信息来自产品种类表，需要先完善产品种类表，然后再添加产品，信息填写完成后，单击【添加产品】，保存产品。实训时可依次单击【删除选中产品】、【修改】和【查询】完成对应操作。

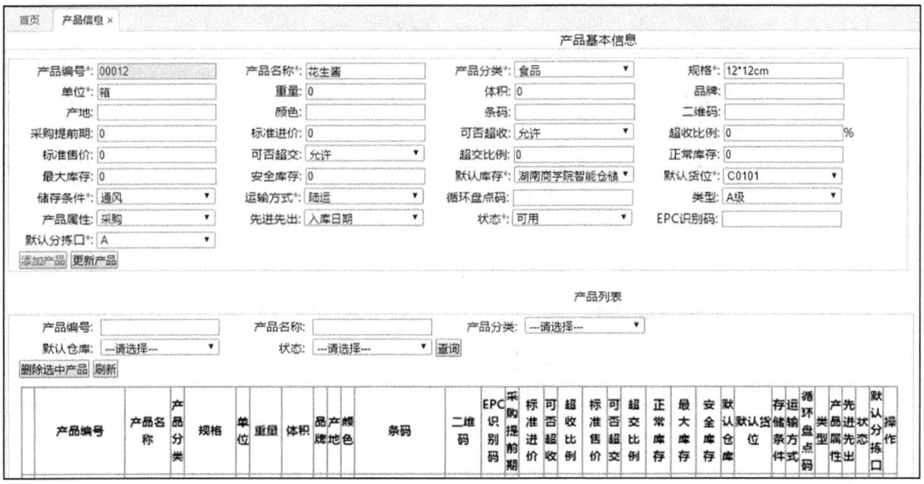

图4-2-7　产品设置

8. 客户

如图4-2-8所示，填写客户的相关信息，交易币种、付款方式、发票种类等下拉框中的信息都来自相关的表，必须先填写对应的模块，才能根据相应数据填写本项内容。填写完成后单击【保存】，保存数据；单击【添加收货地址】，如果当前客户已存在收货地址则显示地址列表，没有则显示为空。每个客户可设置一个的默认收货地址，但客户可用收货地址数量不限。

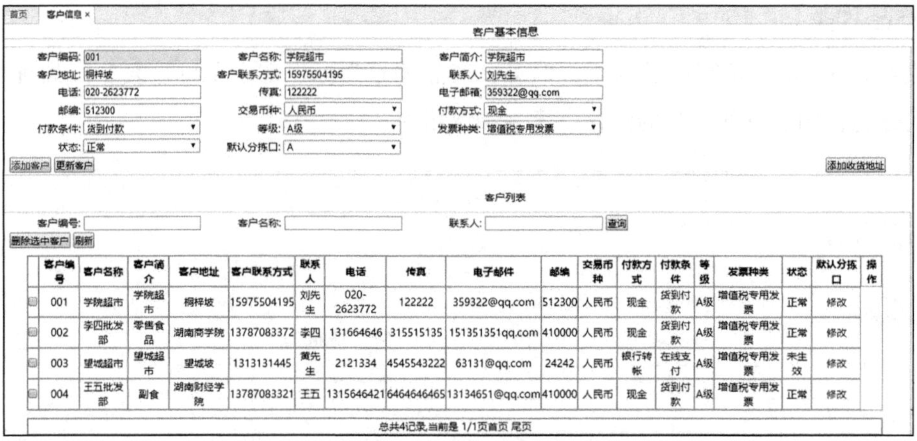

图4-2-8　客户设置

9. 运输

如图4-2-9所示，填写运输条件，填写完成单击【添加运输条件】保存运输条件，实训时可依次单击【查看】、【修改】和【删除】完成对应操作，但必须具有唯一性。

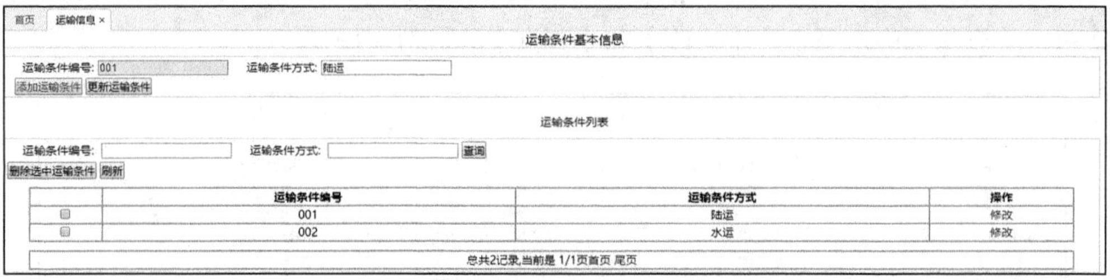

图4-2-9　运输设置

10. 存储

如图4-2-10所示，填写运输条件，填写完成单击【添加存储条件】保存存储条件，实训时可依次单击【查看】、【修改】和【删除】完成对应操作，但必须具有唯一性。

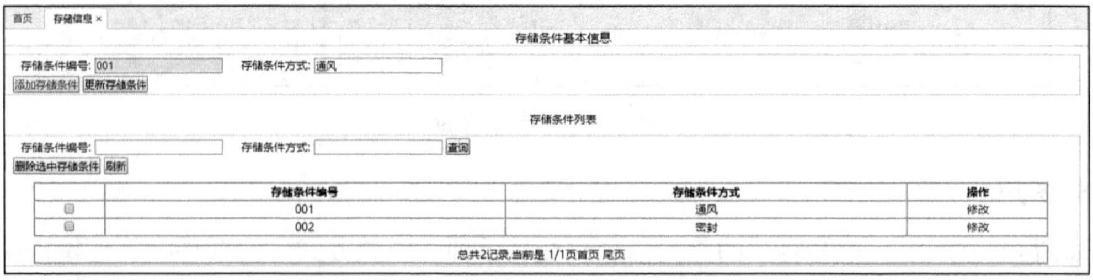

图4-2-10　存储条件设置

11. 税种

如图4-2-11所示，填写税种条件方式，填写完成单击【添加税种条件】保存税种条件，实训时可依次单击【查看】、【修改】和【删除】完成对应操作，但必须具有唯一性。

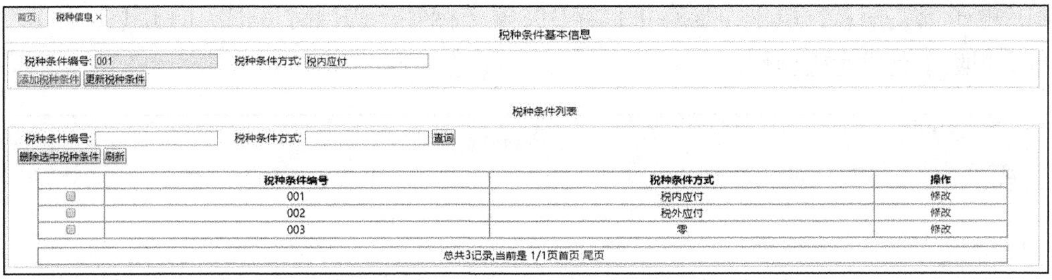

	税种条件编号	税种条件方式	操作
	001	税内应付	修改
	002	税外应付	修改
	003	零	修改

图4-2-11　税种设置

12. 币种

如图4-2-12所示，填写币种条件，填写完成单击【添加币种条件】保存币种条件，实训时可依次点击【查看】、【修改】和【删除】完成对应操作，但必须具有唯一性。

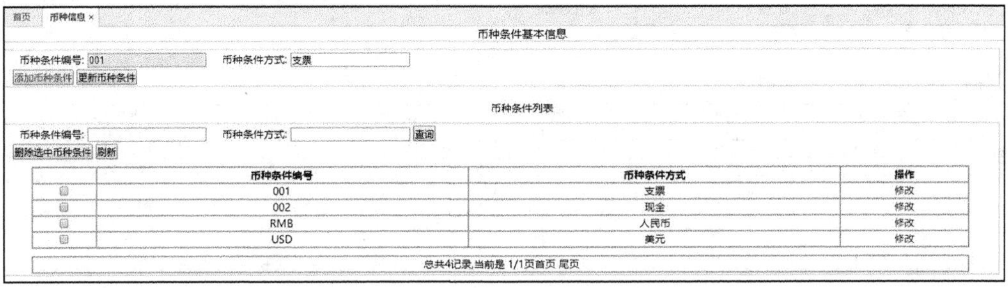

	币种条件编号	币种条件方式	操作
	001	支票	修改
	002	现金	修改
	RMB	人民币	修改
	USD	美元	修改

图4-2-12　币种设置

13. 设置安全库存

如图4-2-13所示，单击【产品编号】下拉列表框可以选择具体的产品，然后可以通过【最大库存】和【安全库存】文本框中填写具体数值来设置最大库库存和安全库存。

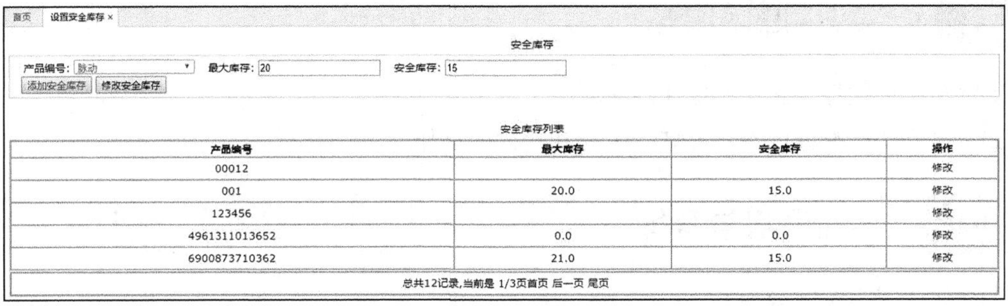

产品编号	最大库存	安全库存	操作
00012			修改
001	20.0	15.0	修改
123456			修改
4961311013652	0.0	0.0	修改
6900873710362	21.0	15.0	修改

图4-2-13　安全库存设置

14. 付款条件

如图4-2-14所示，填写付款条件，填写完成单击【添加付款条件】保存付款条件，实训时可依次点击【查看】、【修改】和【删除】完成对应操作，但必须具有唯一性。

15. DPS电子标签位置设置

如图4-2-15所示，DPS标签地址代表的是DPS设备的标签地址号，必须填写正确，填写完成DPS电子标签信息，单击【保存】保存DPS电子标签。实训时可依次单击【查看】、【修改】和【删除】完成对应操作。

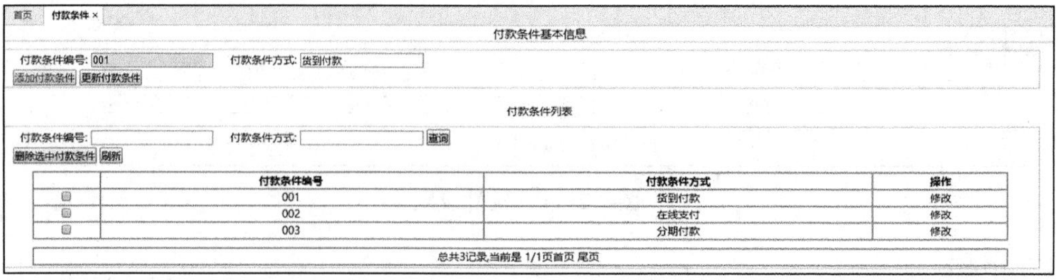

图4-2-14　付款条件设置

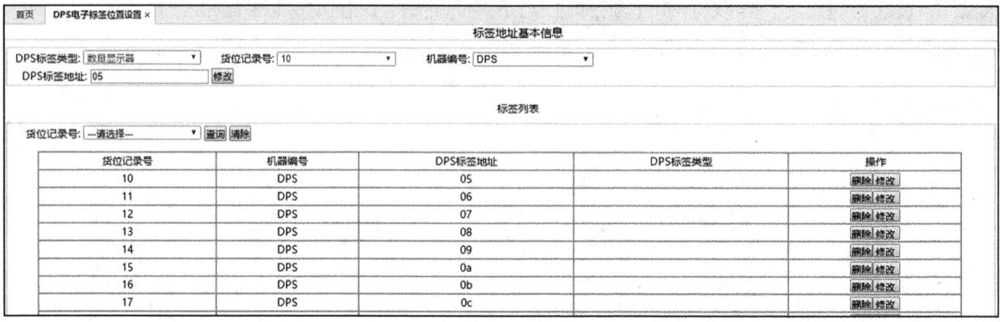

图4-2-15　DPS 电子标签设置

4.3　产品入库实训

4.3.1　实训目的和要求

①熟悉实训软件产品入库操作的流程。

②掌握手持终端进行查看计划、组托和上架的操作。

4.3.2　实训设施与设备

①分体式特高频读卡器。

②流利货架。

③高频读卡器。

④Wi-Fi设备服务器。

⑤特高频抗金属电子标签。

⑥高频电子标签。

⑦智能仓储管理系统。

4.3.3 实训内容

在实训教师的讲解、演示和指导下分组完成物流入库的相关操作。

4.3.4 实训步骤

1. 熟悉系统设备

手持终端：通过网络连接，与智能仓储管理软件系统进行交互，从而读取相关任务；读取特高频电子标签，并将读取到的特高频电子标签返回给系统，完成硬件与软件的交互。

特高频电子标签：贴到产品上，作为产品的唯一标识，手持终端可以读取到标签信息，以便完成入库的相关操作。

图4-3-1 DPS 电子标签

DSP电子标签（见图4-3-1），贴到被管理产品上，作为产品的唯一标识，手持终端可以读取到标签信息，以便完成入库的相关操作。

2. 产品入库

产品入库操作流程如图4-3-2所示。

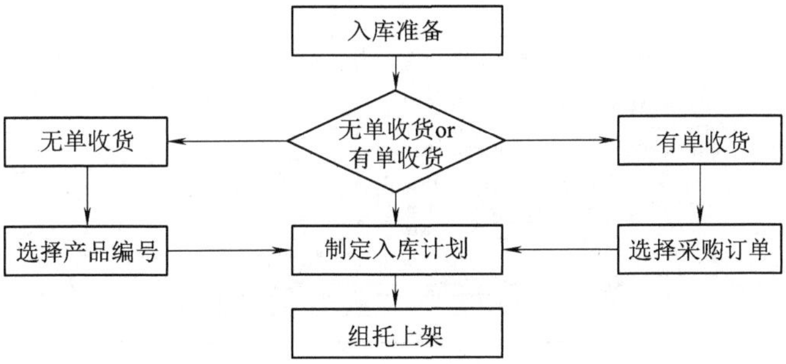

图4-3-2 入库操作流程图

入库模块包含收货单录入、入库计划、入库作业与组托、上架等数据的添加、查询、删除和修改功能，其中组托与上架操作是通过手持终端进行的。

实际操作步骤如下：

（1）录入采购订单

如图4-3-3所示，单击菜单中的【采购订单】填写头信息，选择供应商系统会自动生成采购编号。

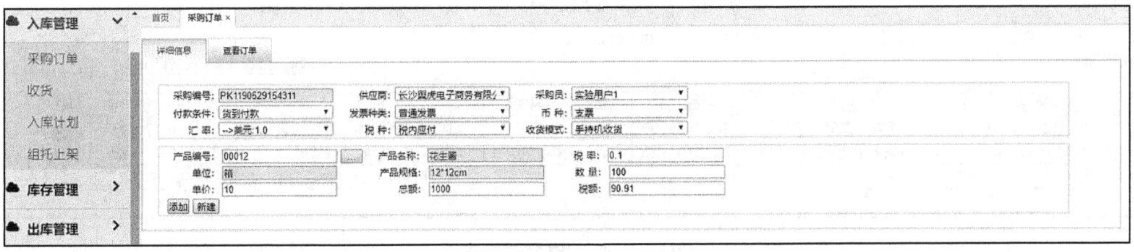

图4-3-3 采购订单录入

单击“产品编号”的选择按钮则弹出图4-3-4所示的产品信息列表，在产品信息列表中单击可以选择产品。

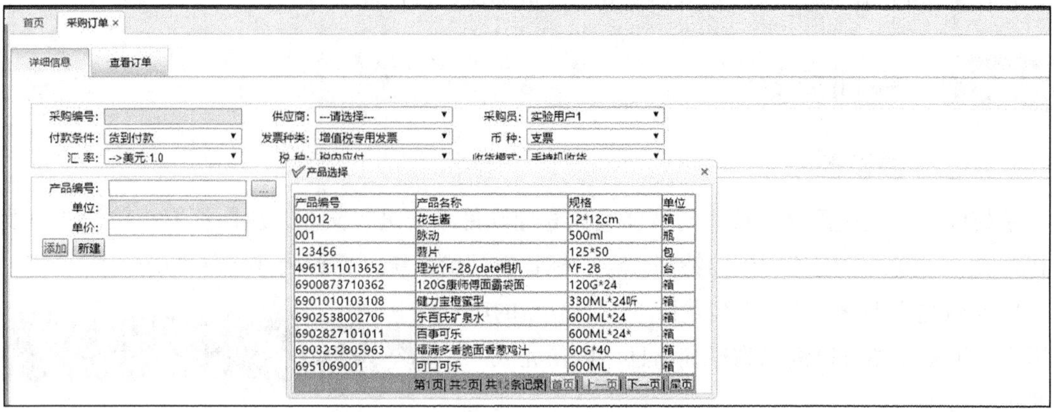

图4-3-4　产品信息选择

注意：必须把上述信息填写完整，否则将不能保存或者视作操作非法。

信息填写完整后，单击【添加】添加采购单，添加完成后采购单明细列表显示在第三部分，如图4-3-5所示。

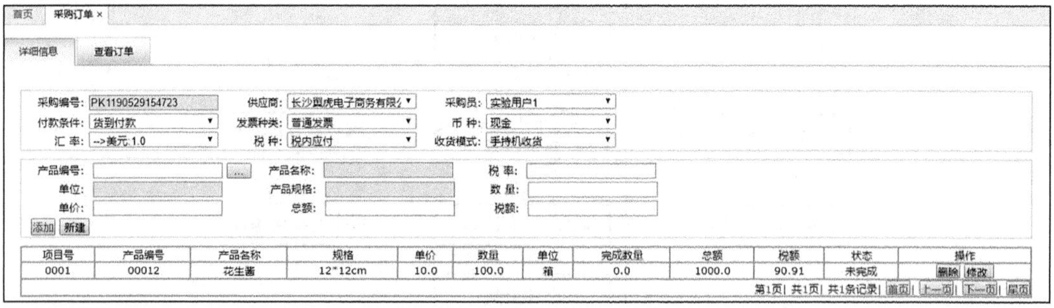

图4-3-5　采购订单列表

（2）录入收货单

完成采购订单后，单击菜单中的【收货】，填写头信息，选择“供应商”获取收货单号，同时完成其余信息的填写，如图4-3-6所示。

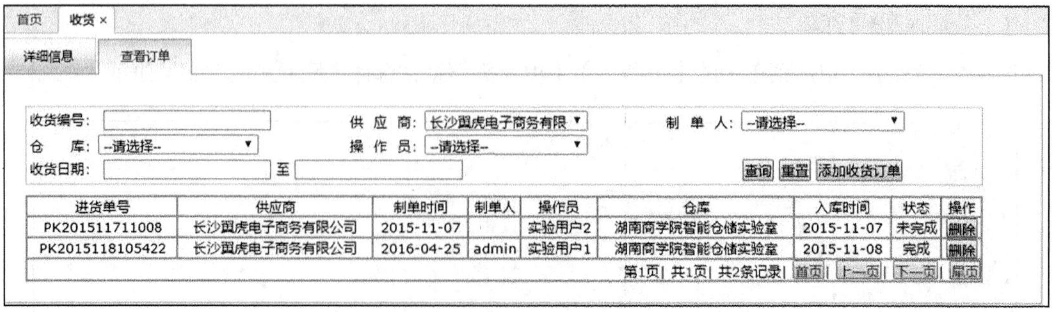

图4-3-6　收货单录入

通过单击头信息下的“收货编号”或者“进货单号”获取相关的收货明细单信息，如图4-3-7所示。

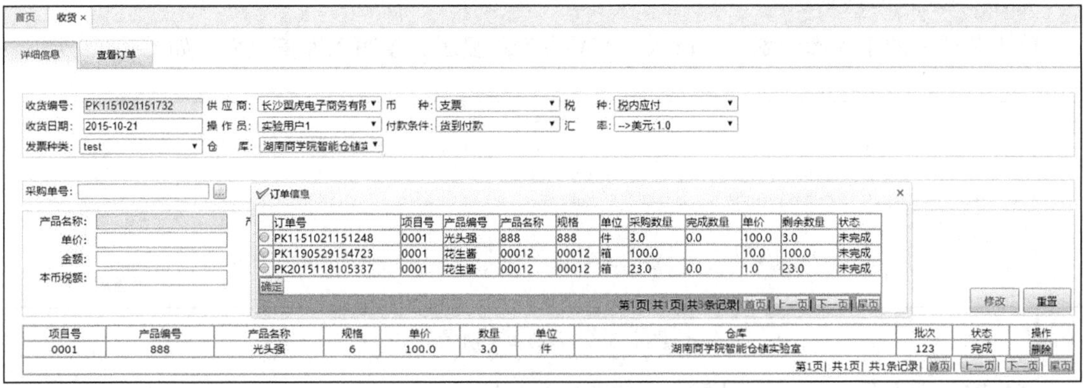

图4-3-7　关联收货单与采购订单

选定采购订单，则采购订单信息显示在对应文本框，单击【保存】保存收货单，关联后的收货单明细将出现在最下方，如图4-3-8所示。

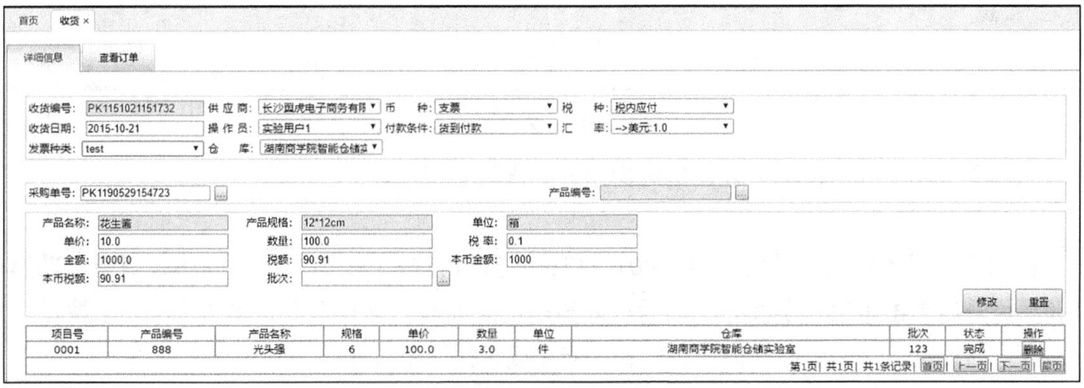

图4-3-8　关联后的收货单

注意：制作多个收货单时要全部完成后才能进行入库操作，否则系统会视为收货没有完成。

（3）收货扫描

由收货单中指定的收货人员用手持终端进行收货操作。

①让手持终端连入网络。

②依次单击手持终端操作界面上【我的设备】→【D35FLASH】→【Test】→【手持终端软件】→【物流软件】，进入操作界面，输入工号。实训时默认使用“管理员”的工号001。

③单击【查询任务】，软件会自动下载收货任务，提示成功后，单击【刷新】，查看要收货的项目。

④选择单号和项目号后单击【收货】功能按钮，进入扫描记录界面，单击【启动打卡器】

才能单击【Scan】按钮，操作完成后方可扫描货物。

⑤对应完毕系统提示成功后，单击【上传】按钮。

（4）录入入库计划。

单击菜单栏的【入库计划】，待入库产品有产品显示，填写入库信息表，如图4-3-9所示。

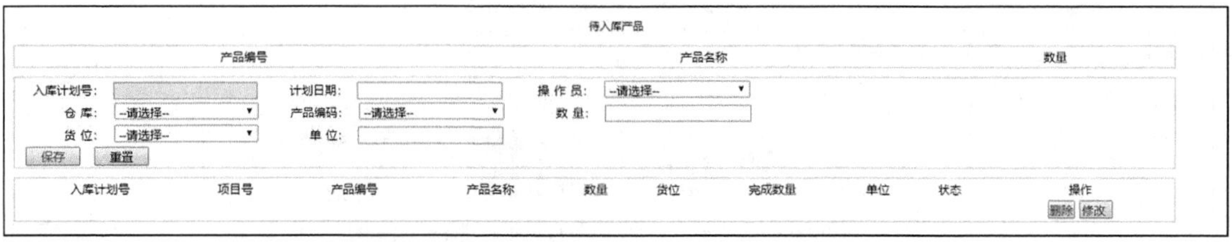

图4-3-9　入库计划录入

完整输入信息后，点击【保存】，如图4-3-10所示。

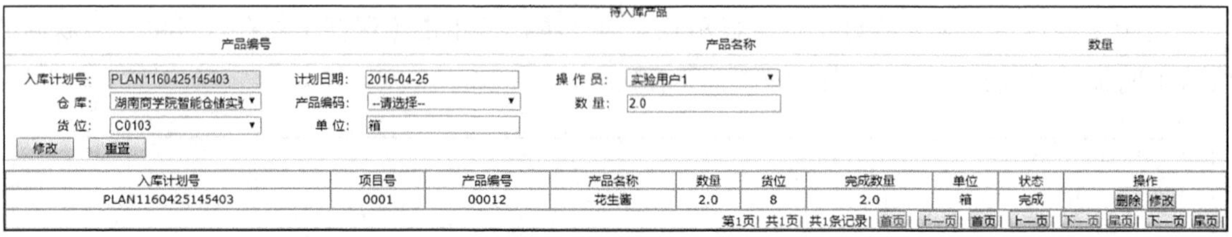

图4-3-10　入库单生成

入库单成功生成后，就可以让指定操作人员进行上架操作。

（5）组托扫描

实训演示时入库操作员的工号是001，单击【查询任务】按钮，提示成功后刷新，选择单号和项目号后单击【组托】按钮，而后进入扫描记录界面启动打卡器；单击【Scan】按钮，先扫描指定的托盘标签然后再扫描货物标签才能完成组托，上传成功后就进入下一步——上架。

（6）上架操作

同样是指定操作人员使用手持终端完成工作，输入“管理员”工号，单击【查询任务】按钮下载任务，成功后刷新（这时就不需要再选择单号和项目号）单击【上架】功能按钮，进入扫描记录界面启动打卡器，单击【Scan】按钮，先货位后托盘，成功后上传，整个入库操作已完成。

4.4　仓库盘点实训

4.4.1　实训目的和要求

①掌握库存产品的查询方法。

②掌握软件盘点的操作方法。

③掌握手持终端盘点的方法。

4.4.2　实训设施与设备

①特高频电子标签。

②手持终端。

③智能仓储管理系统。

4.4.3　实训内容

在实训教师的讲解、演示和指导下分组完成产品盘点的相关操作。

4.4.4　实训步骤

1. 熟悉手持终端

通过网络连接，与智能仓储管理软件系统进行交互，从而读取相关任务；读取特高频电子标签，并将读取到的特高频电子标签返回给系统，完成硬件与软件的交互。

2. 产品盘点

盘点模块提供盘点结果自动核对，并能按盘点结果纠正系统数据，盘点需先在系统生成盘点计划，然后用手持终端下载相关任务数据后操作，再在系统上决定是否要更新库存信息。

（1）制定盘点计划

单击菜单的【盘点计划】，会出现图4-4-1所示效果。可查询和制定盘点计划，添加盘点计划，如图4-4-2所示，依次完成【盘点人】、【仓库】、【起始货位】、【结束货位】和【产品编号】等选项内容填写后，单击【保存】按钮完成盘点计划的添加。

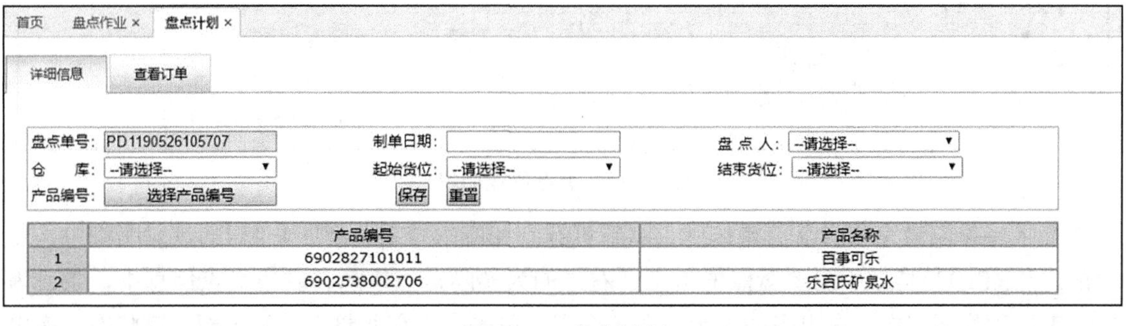

图4-4-1　盘点计划

图4-4-2　添加盘点计划

（2）盘点作业

单击菜单的【盘点作业】，会出现图4-4-3的效果，单击【查询】可查询具体的盘点作业任务。

图4-4-3　盘点作业

在盘点条目上点击【详情】，可看到需要盘点的货物明细，如图4-4-4所示。

图4-4-4　盘点作业明细

当手持终端做完相应盘点操作后，刷新可看到相应的结果。在图4-4-4的盘点明细中，左边的产品RFID为货架中需要盘点的信息，右边的为实际盘点信息，右边盘点信息中，条目为空，表示货物不存在，多出来的表示存在于仓库，单击【库存调整】，可更新库存状态。多出来的商品插入库存明细中，缺少的货物则修改相对应的产品状态为出库。库存调整图如图4-4-5所示。

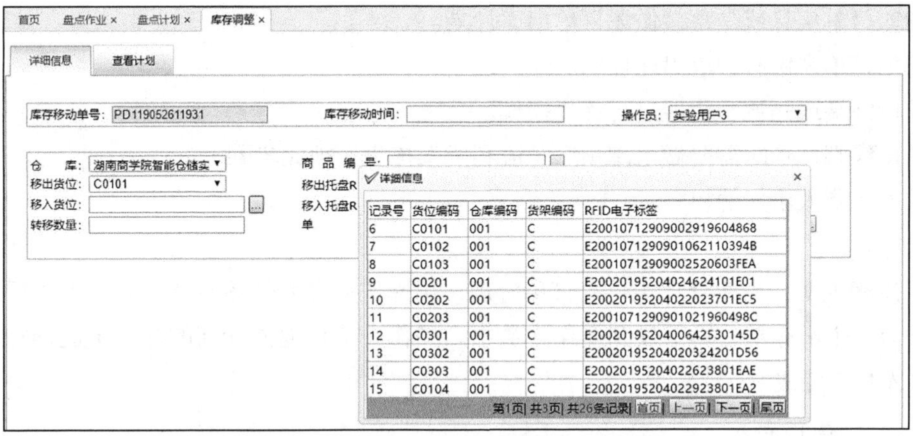

图4-4-5　库存调整

4.5　产品出库实训

4.5.1　实训目的和要求

①掌握订单录入操作和出库计划的生成方法。

②掌握手持终端拣货操作和流利货架拣货操作。

4.5.2　实训设施与设备

①分体式特高频读卡器。

②流利货架。

③高频读卡器。

④Wi-Fi设备服务器。

⑤特高频抗金属电子标签。

⑥高频电子标签。

⑦智能仓储管理系统。

4.5.3　实训内容

本实训主要包括两部分内容：

①根据指导教师的讲解，了解系统设备用途，掌握产品出库的操作方法。

②分组完成物流出库的相关操作。

4.5.4　实训步骤

本节实训主要包括完成以下操作：

①输入订单信息或是直接做无订单出库计划。

②根据订单来做有订单出库计划。

③手持终端或是流利货架进行拣货操作。

④手持终端拣货时需要做出库顺序（流利货架拣货无须此步骤）。

⑤赋予拣货人出库的权限。

⑥出库。

出库流程说明：出库管理主要有订单管理、出库作业和库位图更新，订单生成后，将多个订单安排为一个出库单，再下发到操作人员中。操作人员根据该计划的拣货单进行拣货，完成订单后出库自动完成。

1. 录入销售订单

①首先添加订单，单击菜单中【订单】，如图4-5-1所示。上半部分是订单，下部分是订单明细。

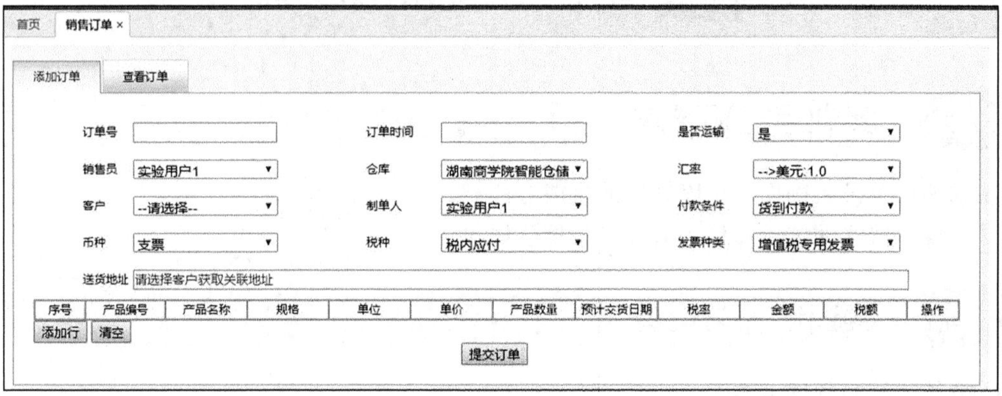

图4-5-1　销售订单录入

填写订单部分，在订单详细部分单击“产品编号”，弹出产品信息列表，如图4-5-2所示。

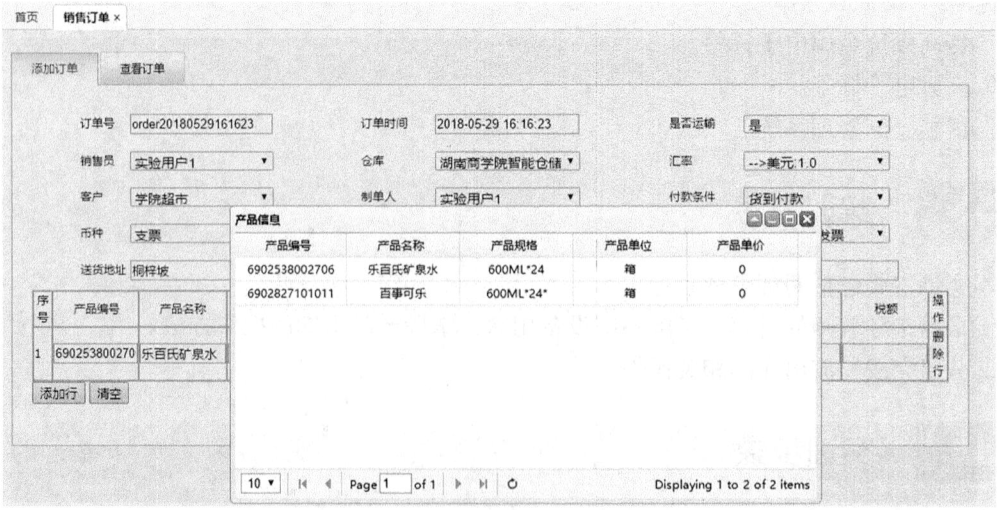

图4-5-2　产品信息列表

②完整填写信息后，单击【提交订单】，如图4-5-3所示，提示成功后，订单录入完成。

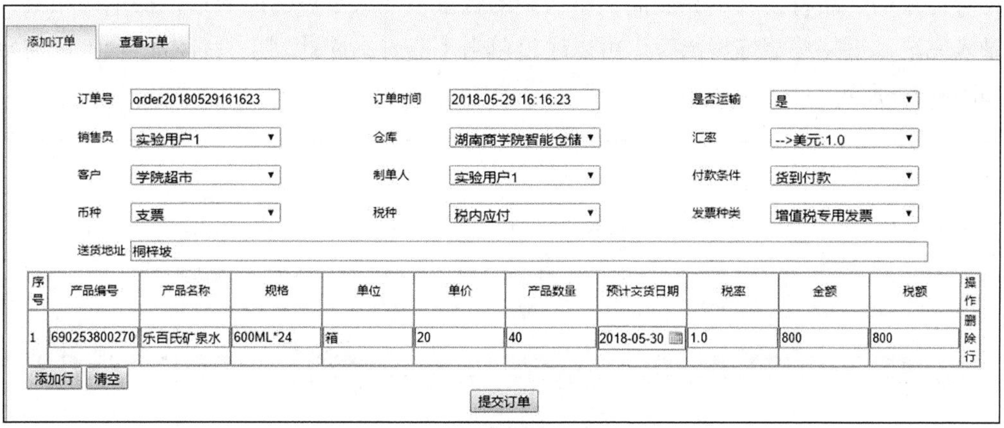

图4-5-3　销售订单生成

2. 录入出库计划

①出库计划分两种：一种是“有订单出库计划”，另一种是“无订单出库计划”。有订单出库计划包括两部分：一部分是“出库头”，另一部分是“出库详细信息”，其中的出库详细信息是通过之前已经完成了的订单来生成。图4-5-4所示为有订单出库计划。

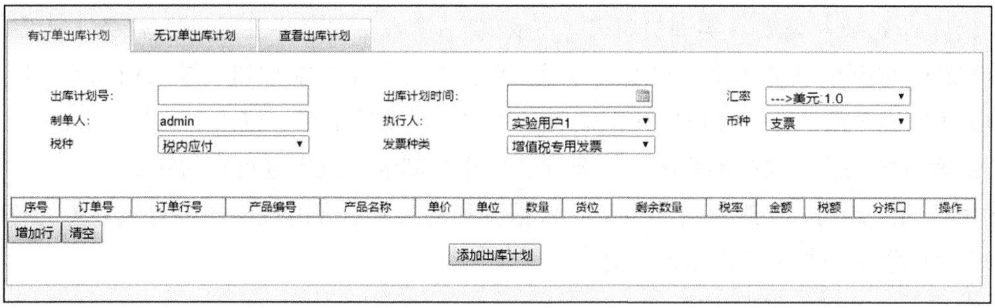

图4-5-4　有订单出库计划

无订单出库计划也包括两部分：一部分是“出库头”，另一部分是“出库详细信息”，其中的出库详细信息是直接从数据中的产品中选择，如图4-5-5所示。

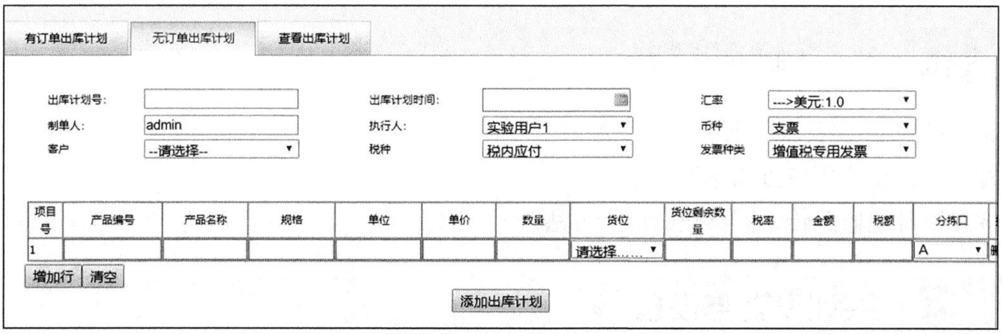

图4-5-5　无订单出库计划

②完整填写信息后，单击【保存】。注意选择“货位”一栏，当选择货位后，该货位有多少个符合订单的产品将会显示在后面，所选择的数量不能大于可出库数量，提示成功后，出库计划录入完成。手持终端拣货出库。可以通过单击【查看出库计划】，查看已录入好的出库计划，如图4-5-6所示。

图4-5-6　查看出库计划

3. 拣选出库操作

①出库计划录入完成，实训员打开手持终端，输入工号，单击【查询任务】查看任务，成功后刷新，根据信息选择单号和项目号后，单击【拣货】功能按钮，进入扫描界面启动打卡器，单击【Scan】按钮，先货位后托盘最后是货物，成功后上传，进入下一步——出货。

②出库顺序确认，根据出库顺序的要求，操作员刷卡，依次进行货物的出库。

③执行出库计划时，观察流利货架，根据流利货架显示屏的提示进行对应数量的拣货，直到发出蜂鸣的警报声提示该订单拣货完成。

④操作员直接进行刷卡出库。

4.6　仓库环境监控

4.6.1　实训目的和要求

①了解Wi-Fi设备服务器的工作原理。

②了解传感器环境监测的工作原理。

③掌握环境监测传感器参数的设置方法。

4.6.2　实训设施与设备

①Wi-Fi设备服务器。

②各类传感器。

③智能物流仓储实训系统。

4.6.3　实训内容

在实训教师的讲解、演示和指导下完成环境监测传感器参数的设置，在监控走势图中观察数据的动态变化，在历史信息查询中查询相应的历史数据。

4.6.4　实训步骤

1. 设置传感器参数

打开【环境监测】中的【传感器管理】，如图4-6-1所示。选择其中一个传感器，填写相关的界定值（最大值和最小值）、IP地址、端口、读取数据的时间间隔等信息，单击【保存】确认提交。

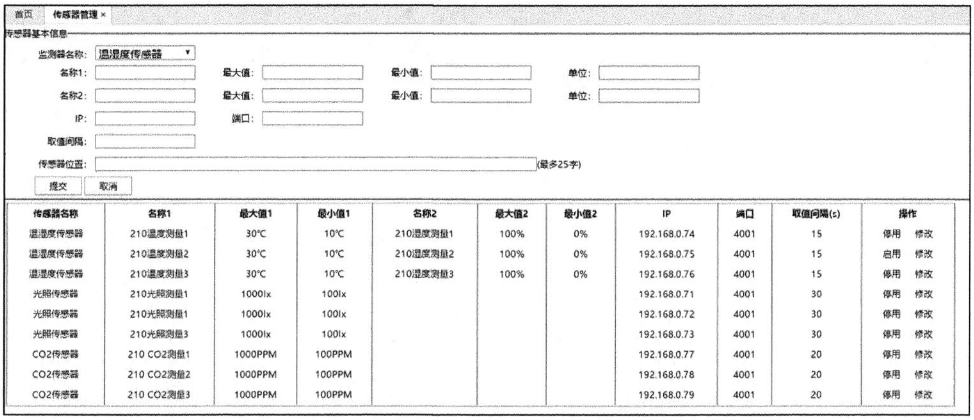

传感器名称	名称1	最大值1	最小值1	名称2	最大值2	最小值2	IP	端口	取值间隔(s)	操作
温湿度传感器	210温度测量1	30℃	10℃	210湿度测量1	100%	0%	192.168.0.74	4001	15	停用　修改
温湿度传感器	210温度测量2	30℃	10℃	210湿度测量2	100%	0%	192.168.0.75	4001	15	启用　修改
温湿度传感器	210温度测量3	30℃	10℃	210湿度测量3	100%	0%	192.168.0.76	4001	15	停用　修改
光照传感器	210光照测量1	1000lx	100lx				192.168.0.71	4001	30	停用　修改
光照传感器	210光照测量1	1000lx	100lx				192.168.0.72	4001	30	停用　修改
光照传感器	210光照测量3	1000lx	100lx				192.168.0.73	4001	30	停用　修改
CO2传感器	210 CO2测量1	1000PPM	100PPM				192.168.0.77	4001	20	停用　修改
CO2传感器	210 CO2测量2	1000PPM	100PPM				192.168.0.78	4001	20	停用　修改
CO2传感器	210 CO2测量3	1000PPM	100PPM				192.168.0.79	4001	20	停用　修改

图4-6-1　传感器管理

2. 监控走势图

打开【环境监测】中的【监控走势图】，如图4-6-2所示。选择刚才填写的传感器类型，就会列出此类型下面所有的传感器，此时就会自动读取数据显示出来。

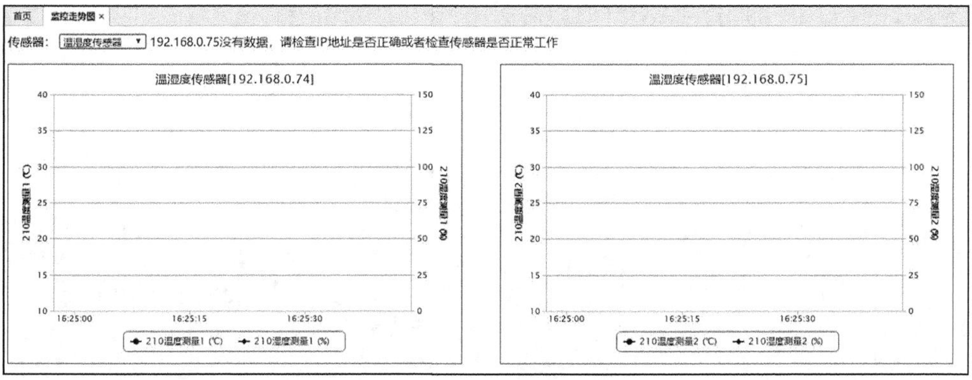

图4-6-2　监控走势图

3. 历史数据查询

打开【环境监测】中的【历史数据查询】，选择其中一个传感器，选择它的IP地址，再选择时间范围。需要注意的是，这个时间段是以倒序的形式给出的，即先选择离当前时间比较近的一个时间点，再选择离当前时间比较远的一个时间点，如图4-6-3所示。

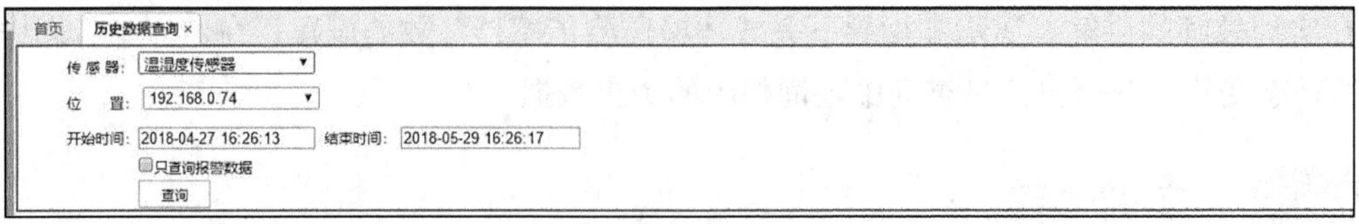

图4-6-3　历史数据查询

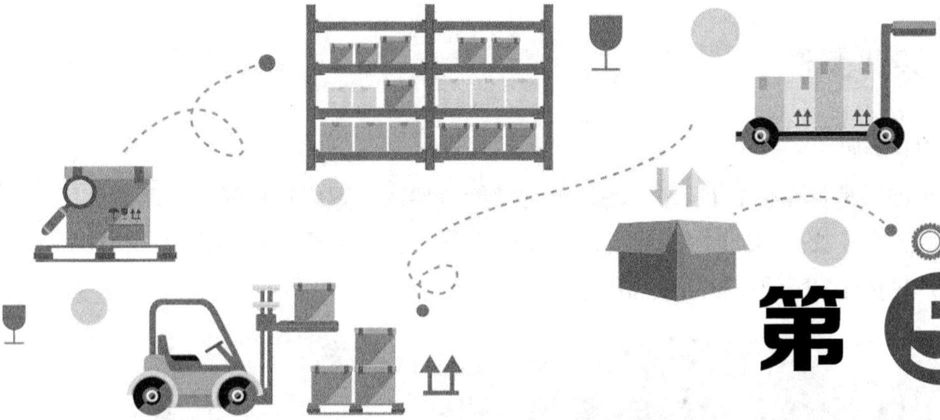

第5章 智慧商城实训

智慧商城实训平台以商超无人化为应用背景，综合应用RFID、WSN和Wi-Fi等物联网技术，对传统卖场设施和设备进行改造，实现商场的智慧化。智慧商城实训平台的功能包括人流量检测、动态盘点、补货提醒、智能上架、智能拣货、购物引导、自动结算、追溯查询等。考虑到课时限制，本章仅安排系统软硬件认知、系统设置、人流量监控、RFID商品上架、电子价签、智能货架和系统开发等7个实训项目，实训重点在于系统软硬件工作原理的理解，实训采取教师讲授+学生操作相结合方式进行。

5.1 智慧商城认知实训

5.1.1 实训目的和要求

①熟悉智慧商城系统的组成。

②掌握智慧商城的运作流程。

5.1.2 实训设施与设备

智慧商城实训平台。

5.1.3 实训内容

①根据指导教师的讲解，熟悉实训场地的分区。

②在实训教师的讲解、演示和指导下熟悉智慧商城的整体运作流程。

③在实训教师的讲解、演示和指导下熟悉智慧货架子系统、广告推送子系统、商品推送子系统、红外人流量监控子系统、收银结算子系统、试穿统计子系统和追溯查询子系统等模块的基本操作。

5.1.4 实训步骤

1. 熟悉实训场地

智慧商城实训场地见图5-1-1所示。场地分为智能货架区、智能购物区、追溯查询区，试穿区、智能结算区等区域。实训时由指导老师首先讲解智慧商城整个系统的构成、功能和运作流程，然后依次讲解每个区域设备组成和用途。

图5-1-1　智慧商城实训场地

2. 智慧商城主控系统

（1）智慧商城主控系统

打开控制台计算机桌面的快捷方式，然后输入用户名、密码（系统默认用户名为“admin”，默认密码“123”），系统将会对身份进行验证，身份不通过时，系统会弹出窗口进行提示。身份验证通过后，自动打开智慧商城管理系统主界面（主控系统），主界面上部为系统功能菜单，如图5-1-2所示。智慧商城管理系统包括：系统设置、商品信息、货架信息、商品入库、会员信息、配送员信息、订单信息、统计分析和帮助等9个菜单模块。

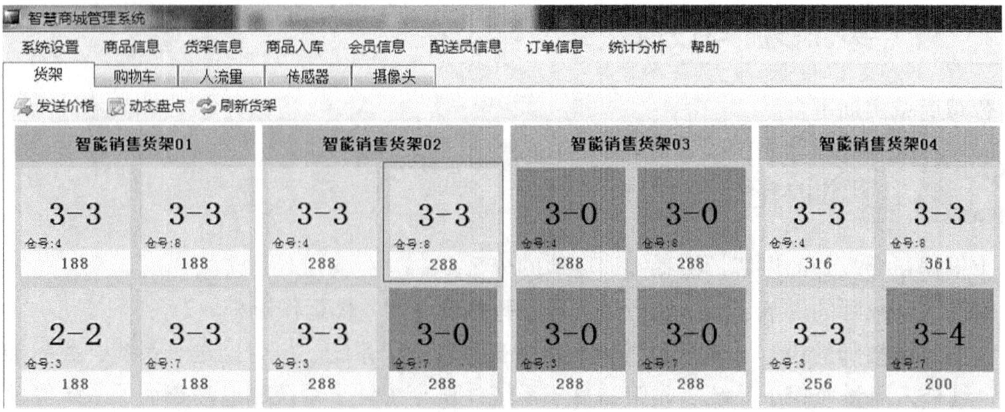

图5-1-2　主控系统功能菜单

（2）货架操作模块

智慧商城管理系统将货架分为三种类型，分别为黄色边框显示的智能销售货架、绿色边框显示的智能仓储货架和蓝色边框显示的普通仓储货架，如图5-1-3所示。

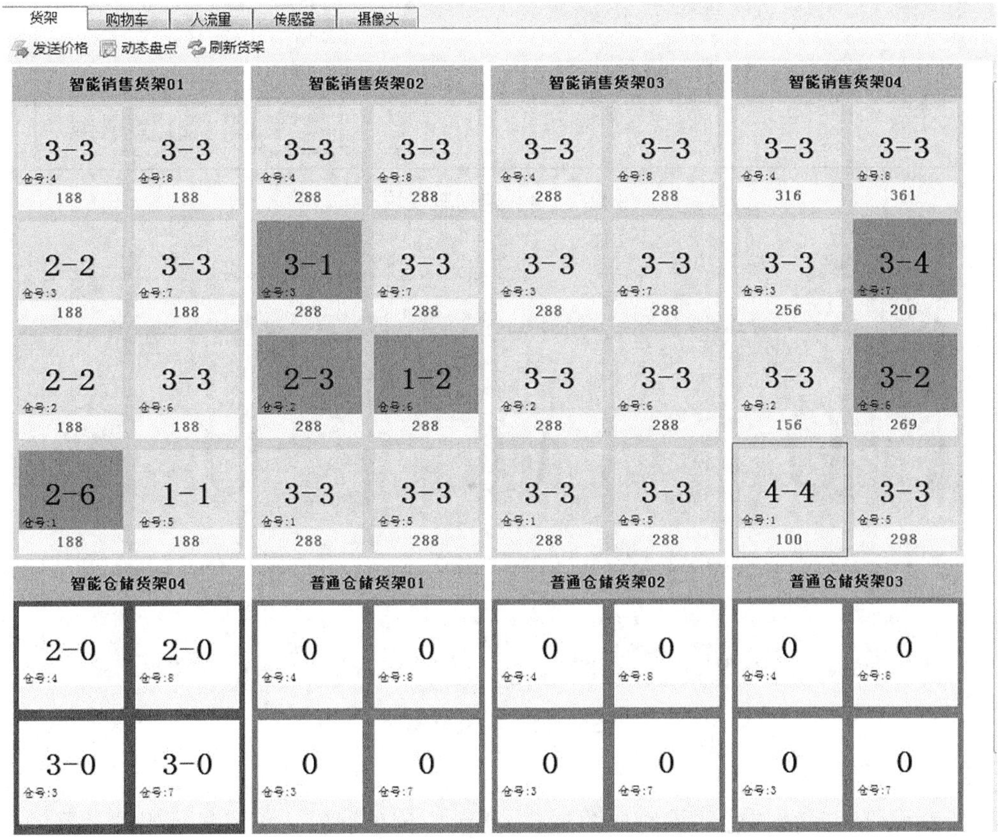

图5-1-3　三种不同类型货架的显示

黄色边框显示的智能销售货架具有电子价签功能，用来显示商品价格（红色字体），同时可显示货物数量是否缺货（黑色字体）。绿色边框显示的智能仓储货架内安装有数码管，可以用来显示入库、出库、补货的数量，同时可显示货物数量（黑色字体）。蓝色边框显示的普通仓储货架无显示入库、出库、补货数量与监控功能，只显示当前货架内货物数量。

智慧商城管理系统货架子模块具有“发送价格”、“动态盘点”和“刷新货架”三个操作按钮。可以实现实时更新货架标签价格、实时盘点销售区商品以及实时刷新货架信息等功能。

（3）购物车操作模块

智慧商城管理系统购物车子模块如图5-1-4所示。购物车模块可以显示当前系统购物车数量、购物车是否连接、购物车当前位置（在哪个购物区）、是否装载货物等。

（4）人流量模块

智慧商城管理系统人流量模块如图5-1-5所示。人流量模块可以显示当前系统有哪些人流量监控区域，每个监控区域的进入人数，还可以设定起始时间和结束时间来统计某个时段的人流量。

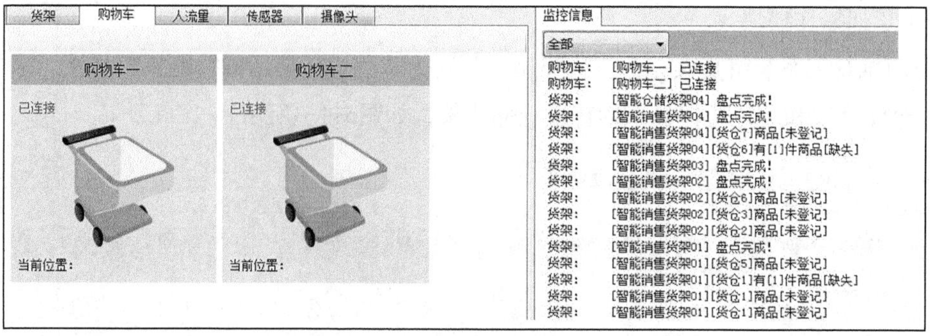

图5-1-4　购物车模块

图5-1-5　人流量模块

（5）传感器模块

智慧商城管理系统传感器模块如图5-1-6所示。传感器模块可以显示当前部署的传感器（如温湿度、震动和烟雾）的数据，实现智慧商城的环境实时监测。

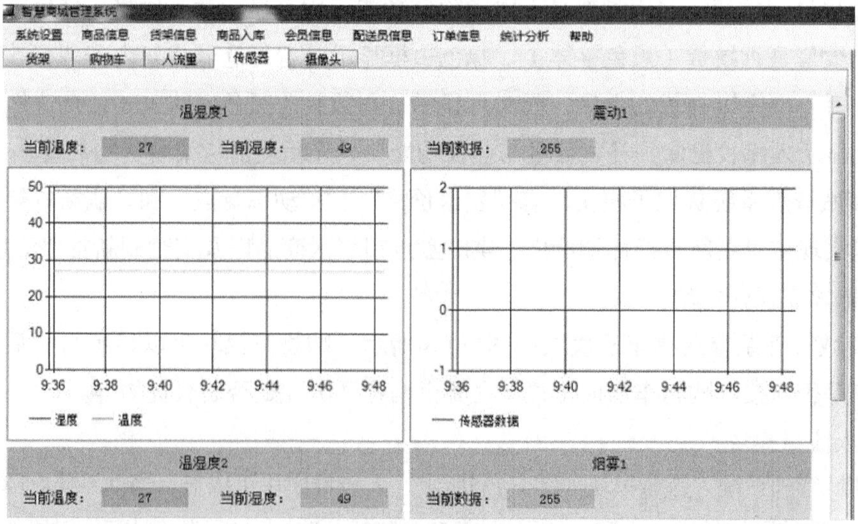

图5-1-6　传感器模块

（6）摄像头模块

智慧商城管理系统摄像头模块如图5-1-7所示。摄像头模块可以显示当前部署的摄像头监控画面，实现智慧商城的实时视频监控。

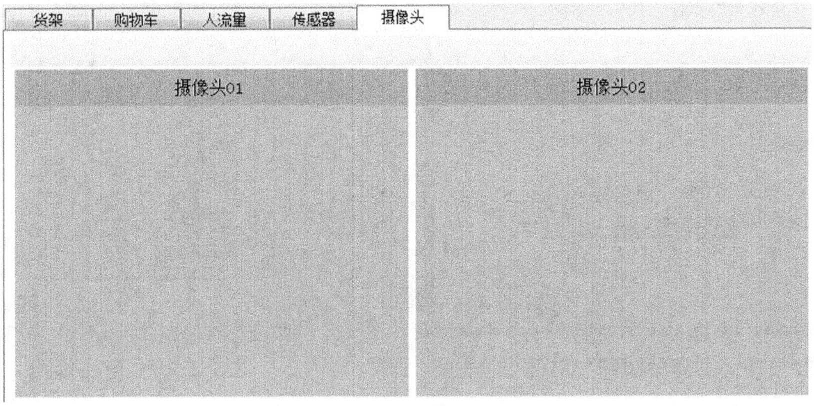

图5-1-7　摄像头模块

3. 智能导购子系统

智能导购系统安装在购物车平板电脑上面。主要操作步骤如下。

（1）系统登录

点击平板电脑桌面上的“导购系统”图标，系统会打开导购子系统主界面，如图5-1-8所示。

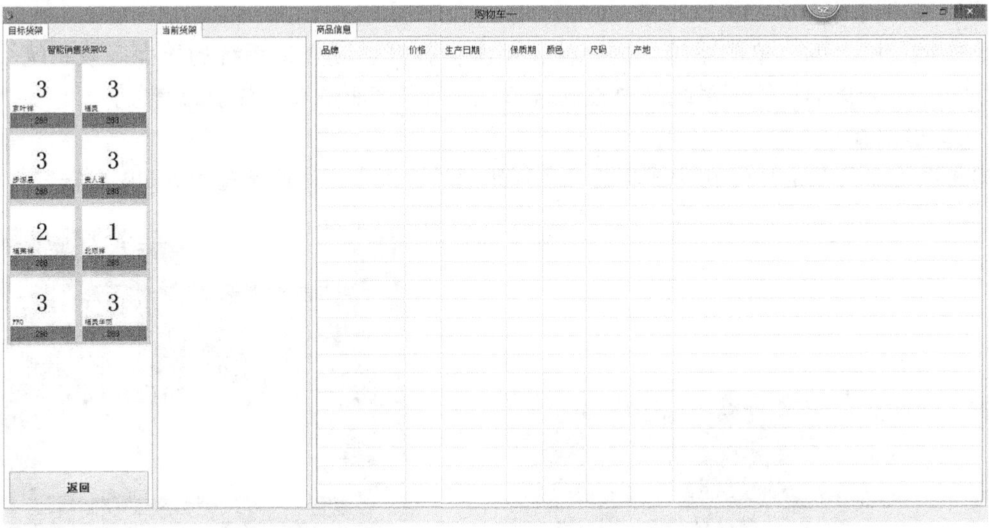

图5-1-8　导购子系统主界面

（2）定位搜索

触摸主界面左上角的“定位搜索”功能，系统会弹出图5-1-9所示的“商品搜索”对话框。

在该对话框中通过“商品分类”和“商品名称”下拉框选择某一款商品，然后点击【搜索】按钮，系统会弹出商品导购界面。系统会根据购物车的当前位置以及所查询商品的位置，以商场平面图的形式提醒购物者被查询商品所在的货架，如图5-1-10所示。

点击该窗口的【关闭】按钮，关闭该窗口，点【上一步】按钮可继续查询其他商品。

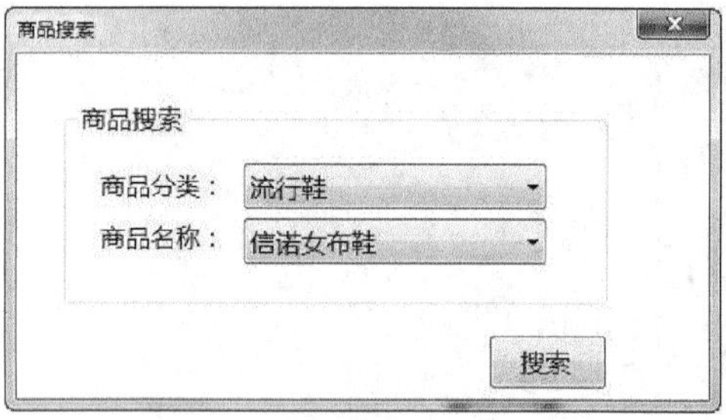

图5-1-9　“商品搜索”对话框

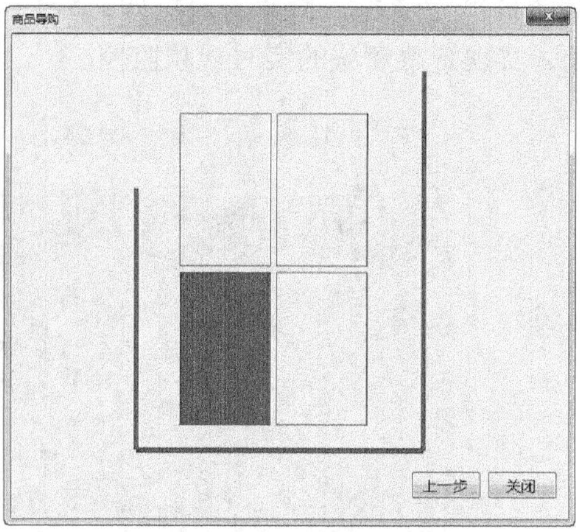

图5-1-10　商品导购

（3）广告推送

推着购物车走到某一定位区域时，系统会自动判断出该购物车所处的位置，然后系统会将该区域的特价等商品信息推送到购物车的平板电脑上并显示出来，如图5-1-11所示。

4. 追溯查询子系统

追溯查询子系统软件安装在试穿区的查询机上，查询机带有触摸屏幕、RFID读写器和条形码扫描枪。

（1）系统登录

点击触摸屏上的“追溯系统”的图标，系统会打开追溯查询系统的界面。该系统会通过Wi-Fi网络访问智慧商城管理系统的中心数据库，查询顾客所要查询鞋子的信息。

（2）追溯查询

追溯系统查询机提供RFID电子标签和条形码两种查询方式。追溯查询机如图5-1-12所示。

图5-1-11　广告推送

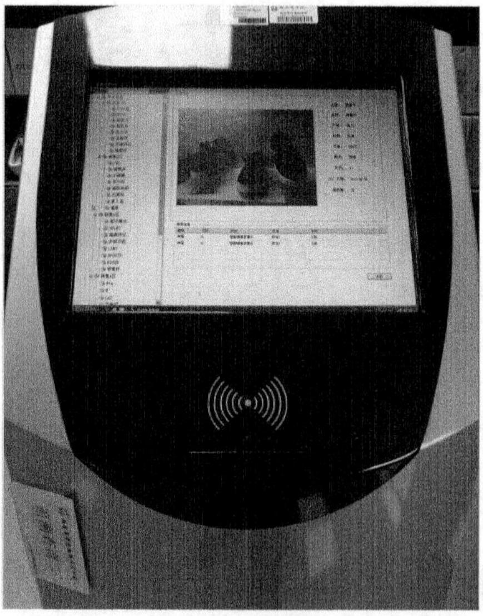

图5-1-12　追溯查询机

RFID电子标签查询：将鞋底上的 RFID 电子标签贴近触摸屏下方的读卡区域，系统识别到 RFID 标签后，会自动将该标签所代表的鞋子的信息显示到屏幕中。

条形码查询：用条形码枪扫描贴放到鞋垫上的条形码标签，系统识别到条形码后，会自动将该条形码所代表的鞋子信息显示到屏幕中。

追溯查询子系统主界面如图5-1-13所示。

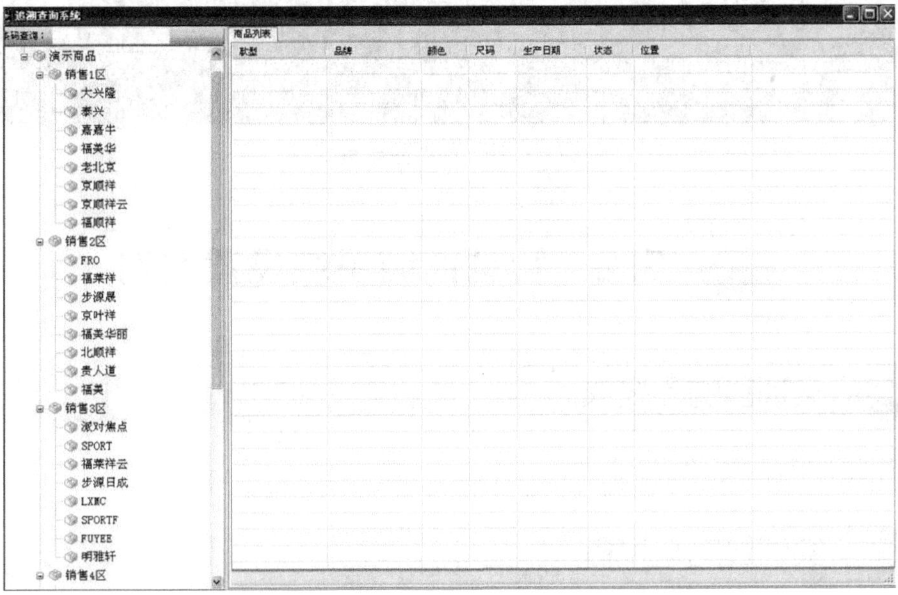

图5-1-13　追溯查询

5. 收银结算子系统

系统收银结算子系统如图5-1-14和5-1-15所示，用户将购买的鞋子放入购物车中，然后将购物车推入收银门禁通道的两扇门中间，停留 2 s左右，系统会自动识别出购物车中商品信息，并显示到收银员的计算机界面上。利用收银结算系统桌面上的 RFID 读写器，读取会员卡，系统会自动扣除会员卡上的金额。当会员卡剩余金额不足时，系统将提示用户余额不足。

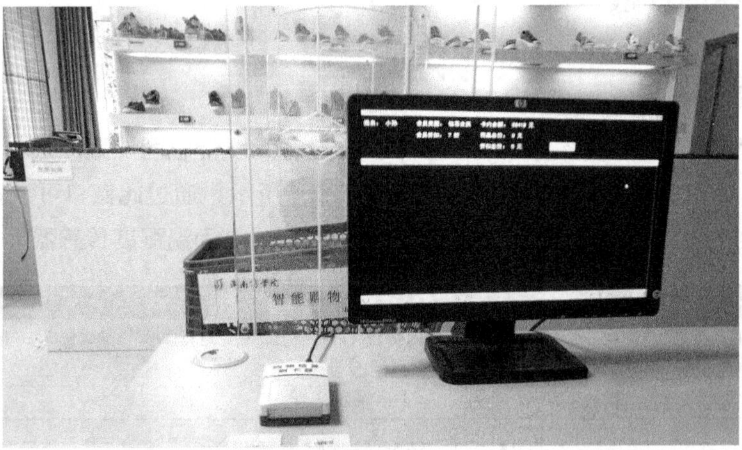

图5-1-14　结算控制台

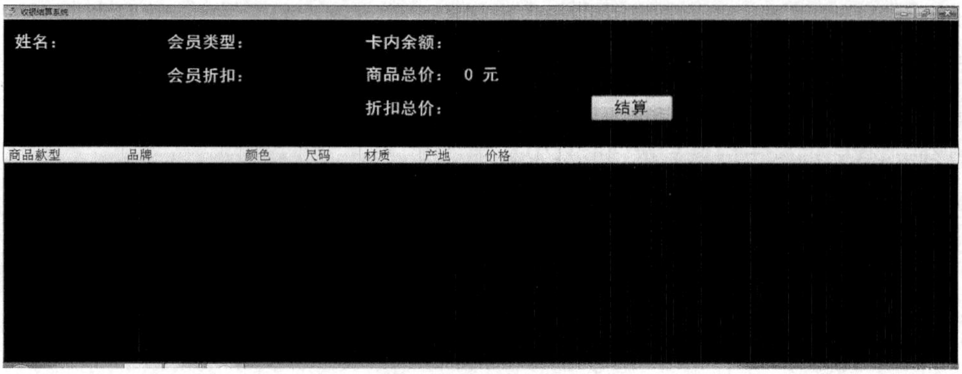

图5-1-15　收银结算界面

5.2　智慧商城系统设置实训

5.2.1　实训目的和要求

熟悉智慧商城管理系统的参数设置。

5.2.2　实训设施与设备

智慧商城管理系统（软件）。

5.2.3　实训内容

在实训教师的讲解、演示和指导下熟悉智慧商城管理系统“系统设置”模块的参数设置。

5.2.4　实训步骤

1. 无线传感网设置

如图5-2-1所示，点击“系统设置”菜单，再选“无线传感网设置”选项，即可打开“无线传感网设置”窗口。“无线传感网设置”如图5-2-2所示，通过此窗口可设置WSN相关硬件设备，如WSN网关、电子价签、数码管节点、红外对射光栅和温湿度传感器等。

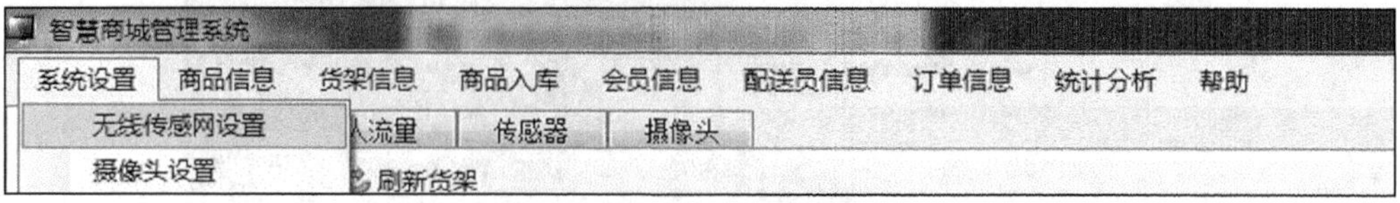

图5-2-1　无线传感网设置菜单

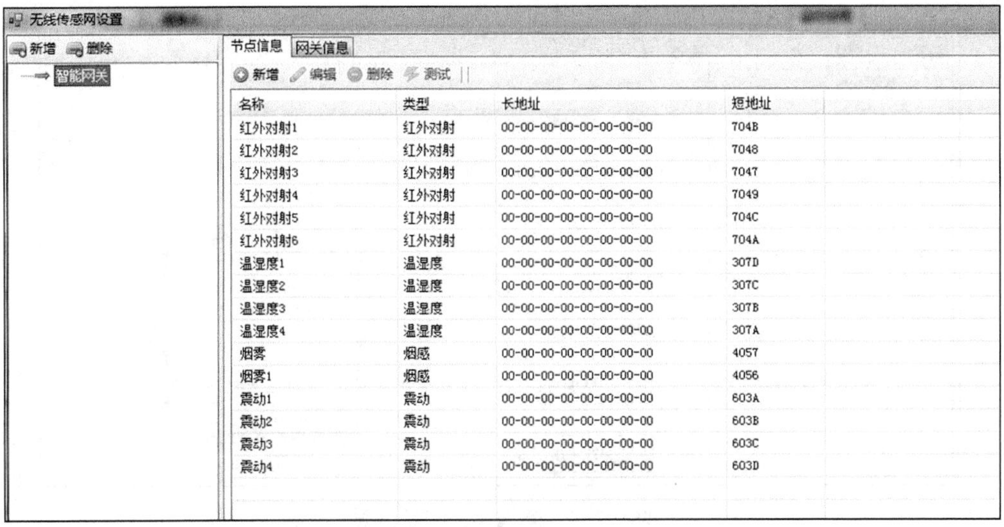

图5-2-2　无线传感网设置窗口

（1）网关设置

选择网关信息标签页，然后点击“新增”按钮添加一个WSN网关。新增网关需要设置名称、IP地址、端口号，PanID和AppID和密码等信息，如图5-2-3所示。如果中途不想添加可点击“取消”按钮取消添加。

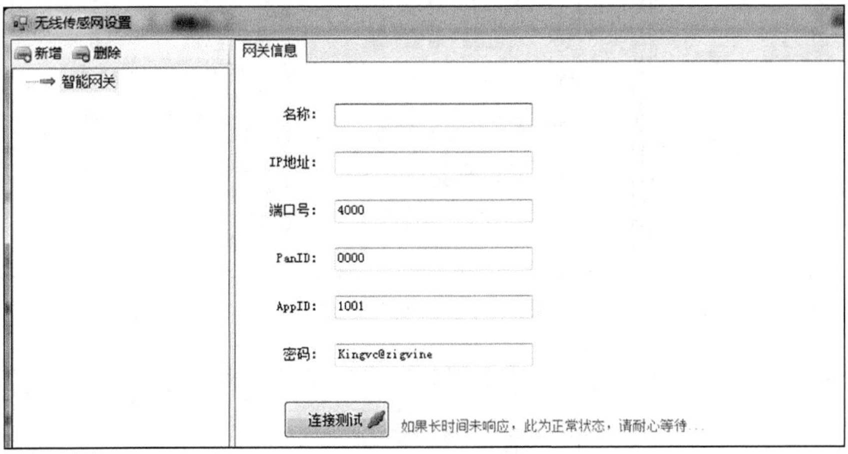

图5-2-3　新增网关设置

添加成功后可进行连接测试，点击“连接测试”按钮，查看是否可以正常通信，如图5-2-4所示。

（2）节点设置

选择“网关信息”标签页，再点击“新增”按钮，输入设备名称、长地址等信息并选择设备类型与对应的网关即可添加成功，短地址无须输入，如图5-2-5和5-2-6所示。

2. 摄像头设置

点击“系统设置”菜单，再选“摄像头设置”选项，即可打开“摄像头设置”窗口，如图5-2-7所示，通过此窗口可以对摄像头进行设置、编辑和测试。

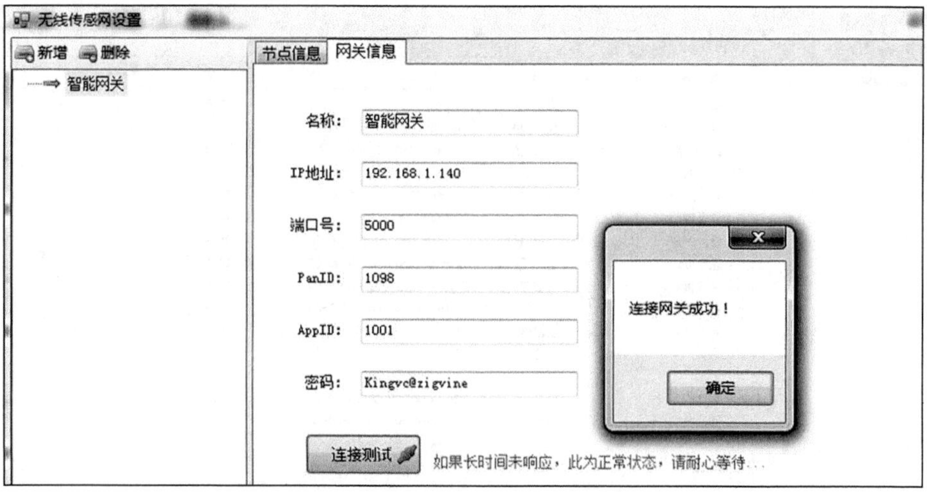

图5-2-4　新增网关连接测试

图5-2-5　新增WSN节点

图5-2-6　WSN节点设置

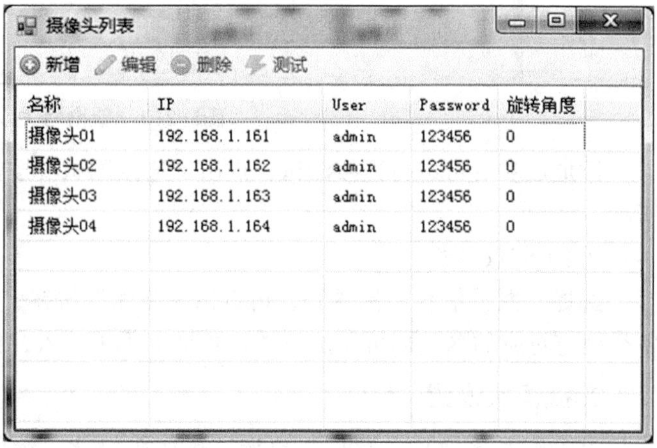

图5-2-7　摄像头列表

点击“新增”按钮，在弹出的对话框中输入名称、IP地址、User（登录用户名）、Password（登录密码）和旋转角度等‘信息’，添加摄像头，如图5-2-8所示。

3. 购物车设置

点击“系统设置”菜单，再选“购物车”选项，即可打开“购物车列表”窗口，如图5-2-9所示，通过此窗口可以对购物车进行设置和编辑。

图5-2-8　新增摄像头设置

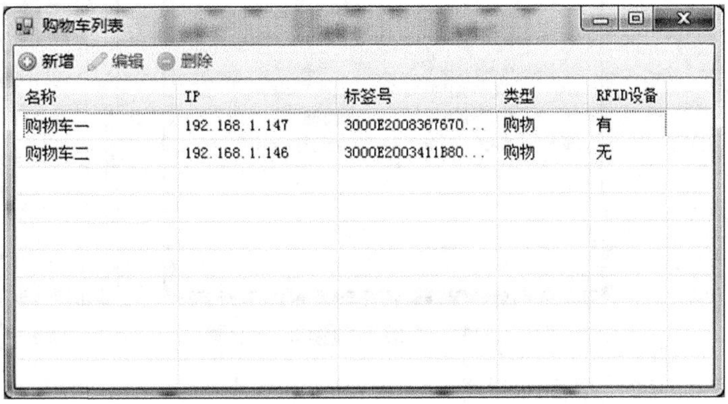

图5-2-9　“购物车列表”窗口

点击“新增”按钮，在弹出的对话框中输入名称、IP地址、类型（通过下拉类别框选择，有“购物”和“仓储”两种类型可选）、RFID设备（使用主控台读写器读取购物车电子标签获取）。“购物车信息”窗口如图5-2-10所示。

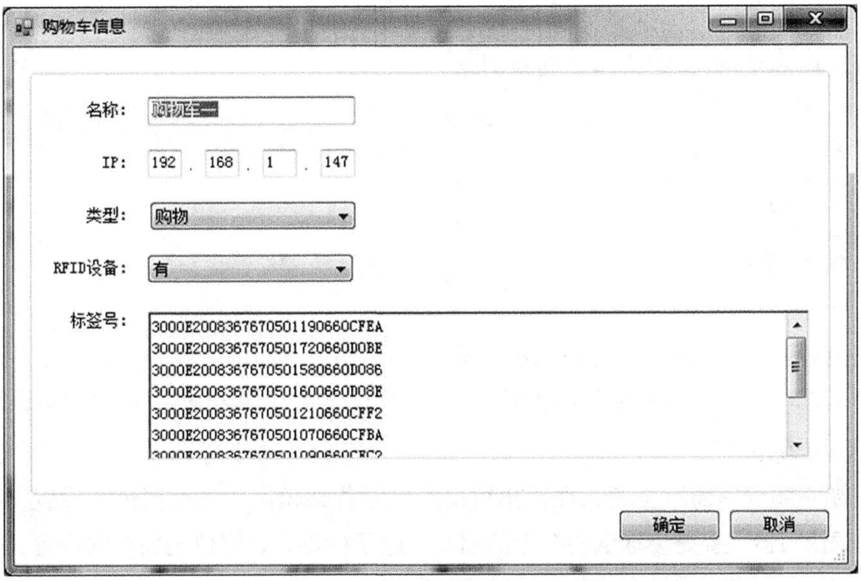

图5-2-10　“购物车信息”窗口

4. 读写器设置

（1）货架读写器

点击“货架读写器”按钮，在弹出窗口中可对智能销售货架进行设置，如图5-2-11所示。

点击“新增”按钮，在弹出的窗口中填写串口号（COM）和名称，即可完成新增货架读写器的设置。如图5-2-12所示。

图5-2-11　货架高频读写器设置

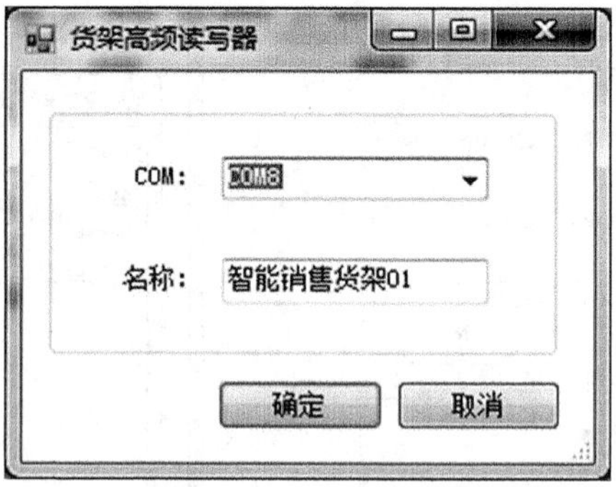

图5-2-12　新增高频读写器设置

（2）桌面读写器

点击“桌面读写器”按钮，在弹出窗口中可对主控台桌面读写器进行设置，如图5-2-13所示。系统默认的桌面读写器有登记读写器、入库读写器、会员读写器和快递员读写器四种类型。

点击“编辑”按钮，在弹出的窗口中可以设置读写器的串口号（COM），如图5-2-14所示。

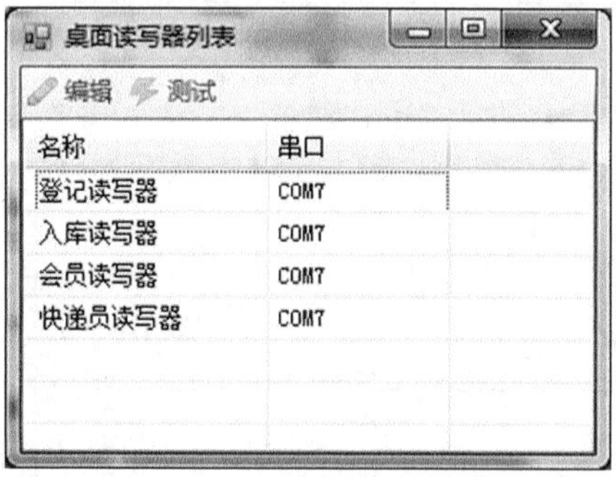

图5-2-13　货架高频读写器设置

图5-2-14　新增桌面读写器的串口设置

（3）超高频读写器

点击“超高频读写器”按钮，在弹出窗口中可对货架超高频读写器进行设置，如图5-2-15所示。超高频读写器主要是读取购物车上的超高频电子标签，以定位购物车的位置，智能导购子系统根据该位置向顾客生成导航信息和推送即时广告。

图5-2-15　超高频读写器列表

点击“新增”或者“编辑”按钮，在弹出的窗口中可对购物区的超高频读写器信息进行设置。设置内容包括：名称、串口号，天线、货架位置、推送信息和推送图片等，如图5-2-16所示。

图5-2-16　超高频读写器信息设置

5. 出入口设置

点击“系统设置”菜单，再选“出入口设置”选项，即可打开“出入口设置”窗口，如图5-2-17所示，通过此窗口可以对出入口的红外线设备进行设置和编辑。

点击“新增”或“编辑”按钮，在弹出的窗口中选择货架、位置（出口或者入口）、设备（红外对射光栅设备）、方向（对射方向）等即可完成出入口红外设备的设置，如图5-2-18所示。

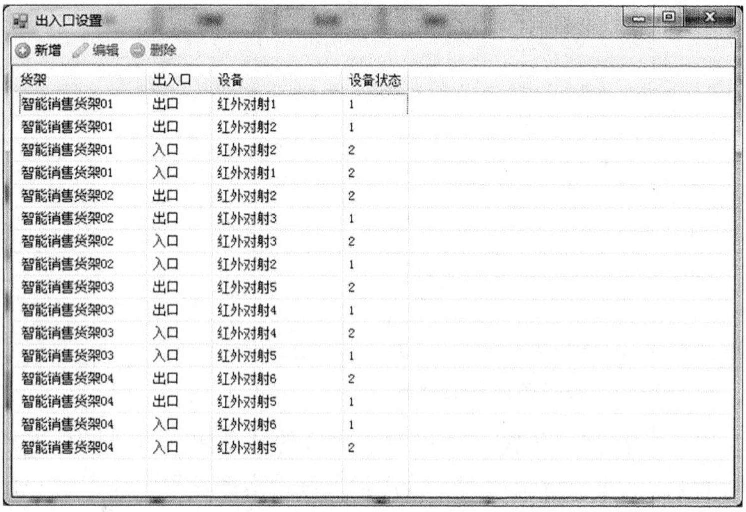

图5-2-17　出入口设备列表

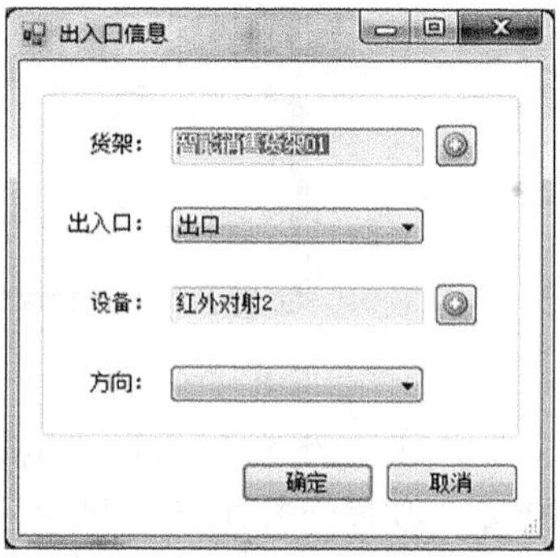

图5-2-18　出入口红外设备设置

6. LED屏设置

点击“系统设置”菜单，再选“LED屏设置”选项，即可打开“LED屏列表”窗口，如图5-2-19所示，通过此窗口可以对LED显示屏进行设置和编辑。

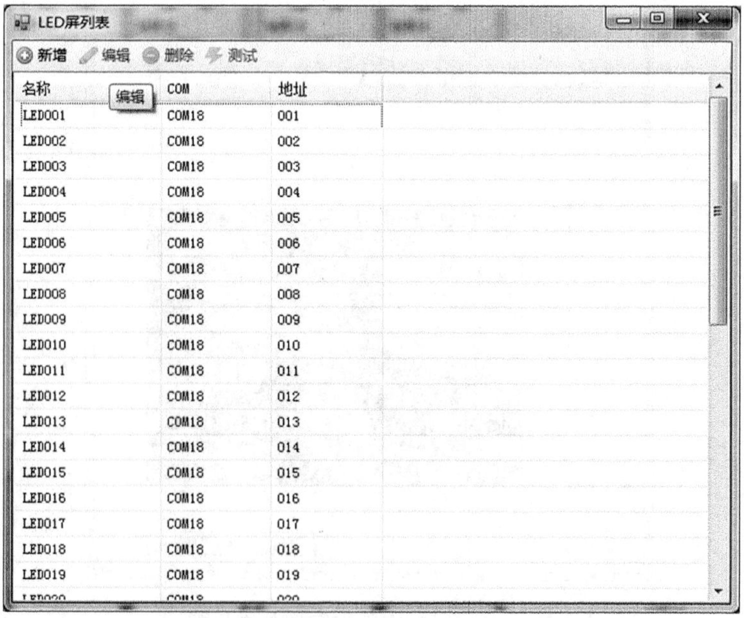

图5-2-19　LED屏列表

点击“新增”或“编辑”按钮，在弹出的对话框中填写名称，选择串口号和地址，即可完成LED显示屏的设置，如图5-2-20所示。

图5-2-20　“LED屏设置”窗口

7. 数据库备份

数据库备份功能可将当前正在使用的数据库进行备份，避免由于系统或者错误操作将数据弄混乱而导致整个系统无法使用，在操作之前最好将数据库做个备份。数据库备份操作如图5-2-21所示，点击“系统设置”菜单，再选“数据库备份”选项，即可打开“另存为”对话框，如图5-2-22所示。

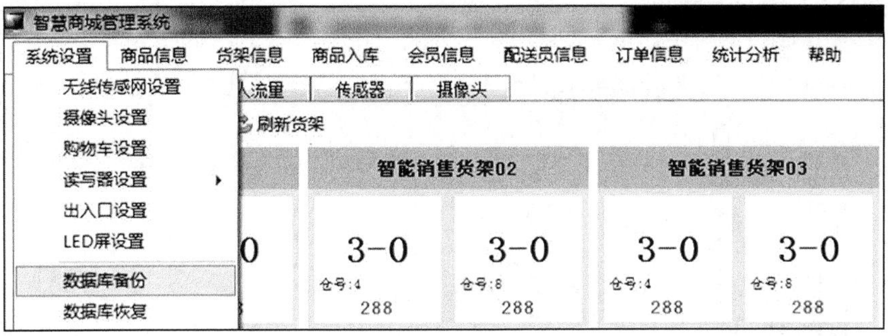

图5-2-21　数据库备份

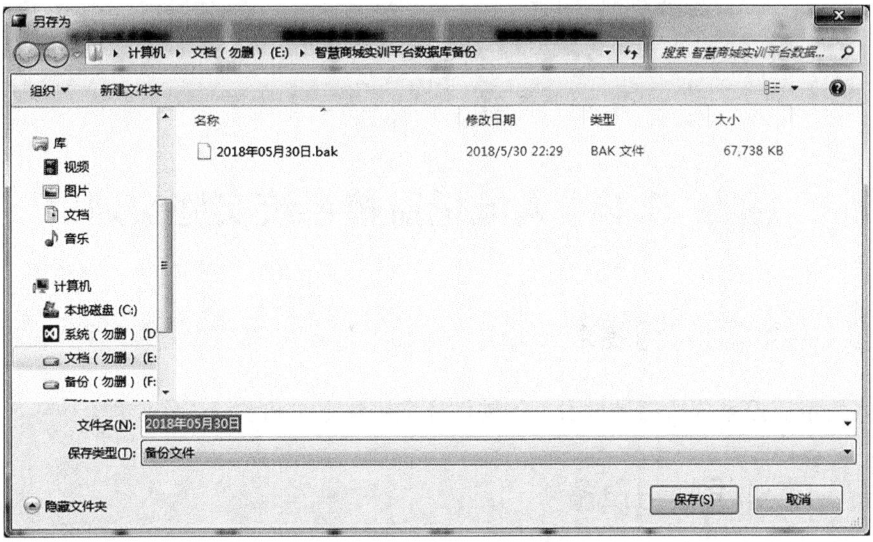

图5-2-22　“另存为”对话框

8. 数据库恢复

如果操作错误或者其他原因导致系统异常无法使用，可以使用数据库恢复功能，选择之前备份过的数据库文件将数据恢复，数据库恢复操作如图5-2-23所示，点击“系统设置”菜单，再选“数据库恢复”选项，即可打开“打开”对话框，如图5-2-24所示，选择之前备份的文件即可。

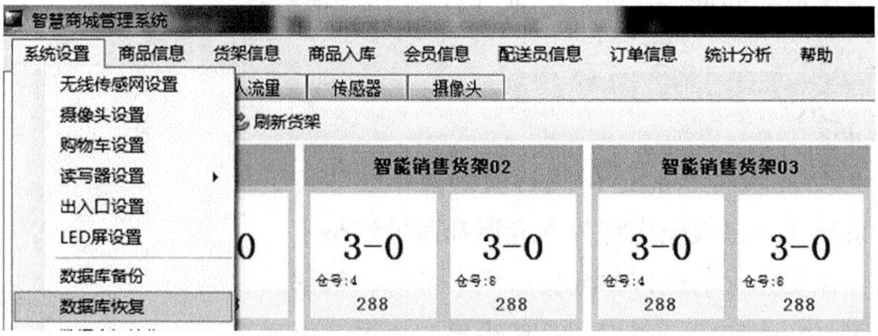

图5-2-23　数据库恢复

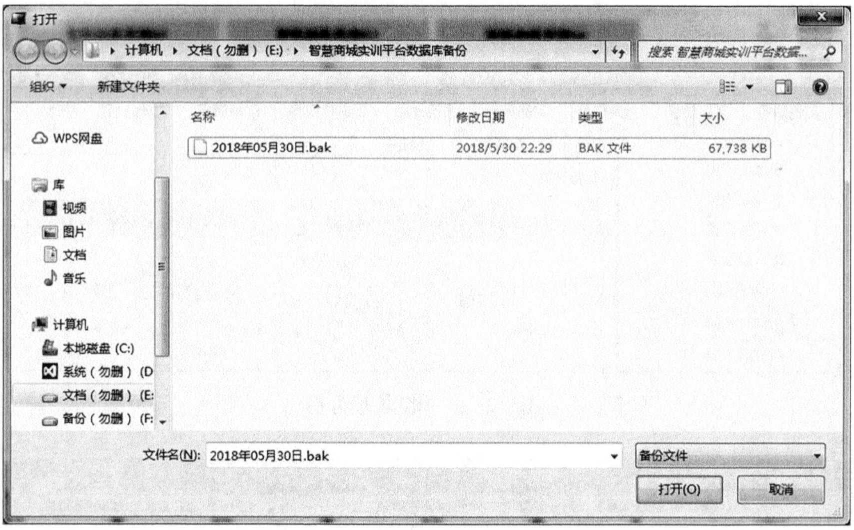

图5-2-24　“打开”对话框

5.3　人流量监控系统实施实训

5.3.1　实训目的和要求

掌握人流量监控系统所需硬件设备的硬件环境搭建方法和系统工作原理。

5.3.2　实训设施与设备

智慧商城软硬件系统。

5.3.3　实训内容

在实训教师的讲解、演示和指导下完成人流量监控子系统软硬件环境搭建和操作。

5.3.4 实训步骤

1. 设备准备

本节实训需要用到设备包括：路由器、WSN智能网关、红外对射光栅（见图5-3-1）、协调器、红外控制板（见图5-3-2）、信号天线（见图5-3-3）。

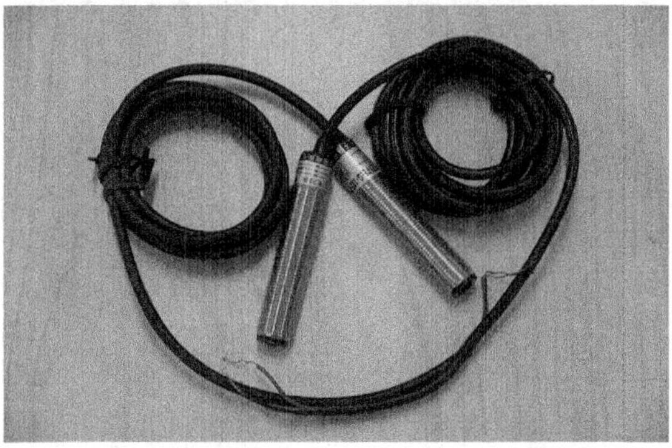

图5-3-1　红外对射光栅

图5-3-2　红外控制板

2. 设备连接

首先要确保所有设备在同一个局域网内，PC和网关（协调器）通过网线与路由器相连，保证PC与网关可以通信；红外对射光栅接收信号并将信号发送给红外控制板，红外控制板通过信号天线把命令发送给协调器，这部分通信是指ZigBee技术。安装在扶手台夹层的红外控制板如图5-3-4所示。

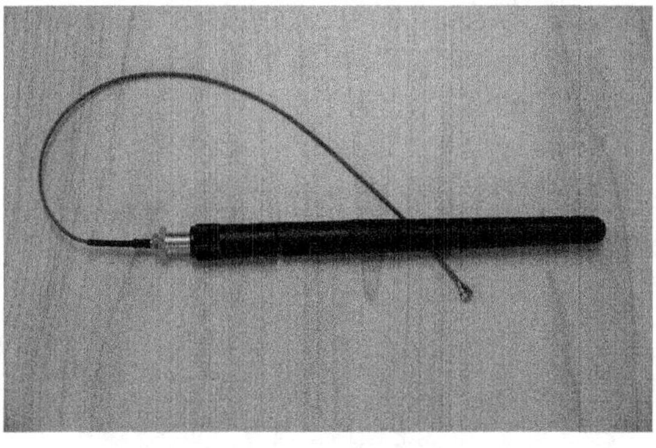

图5-3-3　信号天线

图5-3-4　安装在扶手台夹层的红外控制板

3. 设备调试

安装在扶手台夹层（图5-3-5)和安装在智慧货架上(图5-3-6）的红外光栅相互对准，人流量信号的产生源于进入检测区域人员对红外线的切割。系统调试时，测试人员可在检测区来回做切割红外线运动，然后通过WSN协调器观察结果。

图5-3-5　扶手台夹层的红外光栅

图5-3-6　智慧货架上的红外光栅

4. 人流统计

可以通过智慧商城管理系统【人流量】模块查看统计情况。在查看统计结果之前，需要点击【人流量全部归零】按钮清零，如图5-3-7所示。

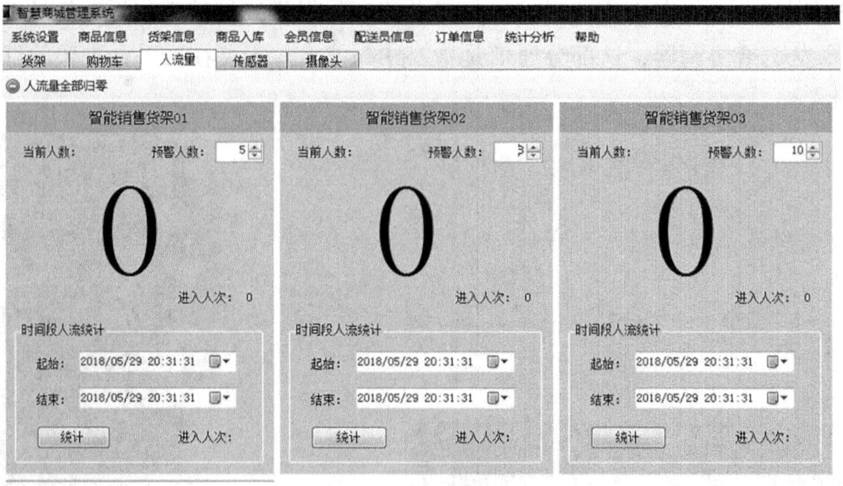

图5-3-7　人流量统计

5.4　RFID商品上架实施实训

5.4.1　实训目的要求

熟悉 RFID商品上架硬件环境的搭建和上架基本操作，掌握其工作原理。

5.4.2　实训设施与设备

本节实训需要用到设备包括：RFID高频15693读写器、RFID高频15693天线、串口线、RFID电子标签、演示商品。

5.4.3　实训内容

在实训教师的讲解、演示和指导下完成RFID商品上架模块软硬件环境搭建和操作。

5.4.4　实训步骤

1. 设备准备

本节实训需要用到设备包括：RFID高频15693读写器、RFID高频15693天线、串口线、RFID电子标签。相关设备已经在第2章的实验和本章前面的实训中介绍，不再赘述。

2. 设备连接

PC与 RFID读写器通过串口线相连，RFID 读写器通过射频线与天线板相连，如图5-4-1所示。

图5-4-1　高频RFID读写器

3. 设备调试

首先将硬件设备全部连接好，并打开测试软件切换到相应的频段，选择波特率并打开串口；将贴了电子标签的演示商品放到天线版上进行标签的读取。

4. 商品上架

在智慧商城管理系统点击【商品入库】对拟上架商品进行入库登记。将带有电子标签的商品放到入库上架读写器台面上，读写器会自动读取商品的标签信息，并提示此商品未登记，如图5-4-2所示，此时只要补充保质期和货仓信息即可入库。

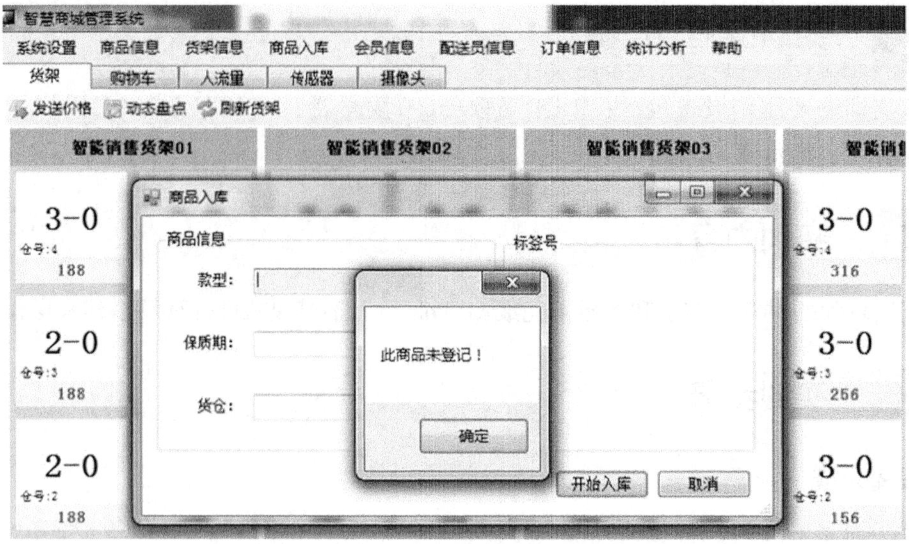

图5-4-2　未入库商品上架

如果商品已经入库和上架，系统会提示"此商品的状态为：上架，不允许入库"，如图5-4-3所示。

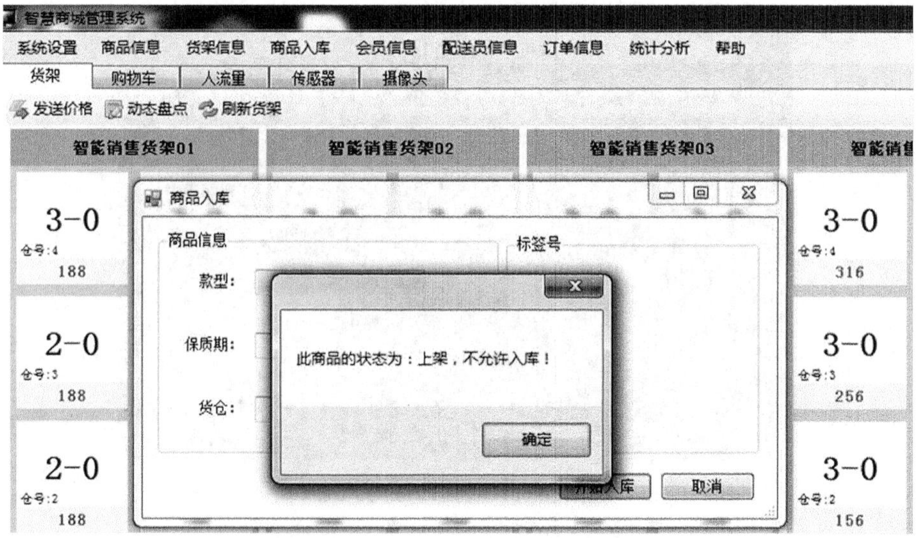

图5-4-3　重复上架商品提示

5.5　电子价签实施实训

5.5.1　实训目的和要求

了解并熟悉电子价签模块软硬件环境搭建，掌握电子价签工作原理。

5.5.2 实训设施与设备

本节实训需要用到设备包括：路由器、WSN 网关、协调器、电子价签控制板、信号天线、数码显示管等。

5.5.3 实训内容

电子价签模块软硬件环境搭建。

5.5.4 实训步骤

1. 设备准备

本节实训需要用到设备包括：路由器、WSN 网关、协调器、数码显示管（图5-5-1）、电子价签控制板（图5-5-2）、信号天线。

图5-5-1　数码显示管

图5-5-2　电子价签控制板

2. 设备连接

同红外人流量监控实训类似，须保证所有联网设备在同一个局域网内，网关通过协调器给电子价签控制板发送命令，把发送的内容显示在数码显示管上面，形成电子动态显示价格的效果。

3. 设备调试

确认所有设备完后连接后，打开各个设备的电源，然后查看网关监控窗口，查看各个设备是否和网关完成连接。如果未连上网关，须从连线是否连接、电源是否开启、天线是否拉开等方面进行逐一排查和调试。

4. 发送价格

打开智慧商城管理系统，在主界面上选择【货架】，然后点击【发送价格】，系统将给相应的电子价签发送价格，并使数码显示管显示发送的价格数字。软件操作界面如图5-5-3所示，货架上数码管价签显示如图5-5-4所示。

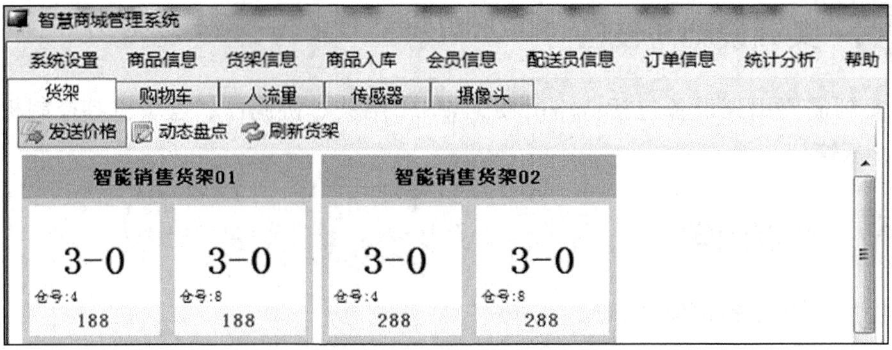

图5-5-3　发送价格

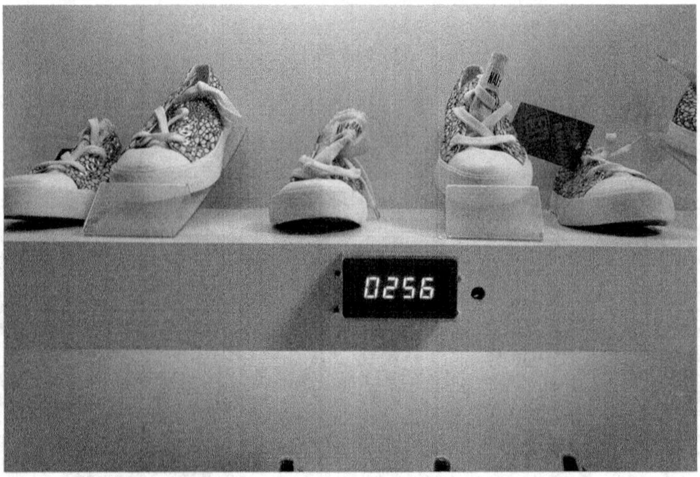

图5-5-4　货位上的数码管价签

5.6　智能货架部署实训

5.6.1　实训目的和要求

掌握智能货架硬件连接和设备调试方法，熟悉其工作原理。

5.6.2　实训设施与设备

本节实训需要用到设备包括：货架、RFID 高频读写器、RFID 高频天线、多路复用器、射频线、RFID电子标签、串口线等。

5.6.3　实训内容

在实训教师的讲解、演示和指导下完成智能货架子系统硬件连接、设备调试和软件操作。

5.6.4 实训步骤

1. 设备准备

货架、RFID高频读写器、RFID 高频天线、多路复用器、射频线、RFID电子标签、串口线。智慧货架如图5-6-1所示。

2. 设备连接

如图5-6-2所示，实训区有4个货架，每个货架分4层，每层分2个货位。每个货位的底板下面安装有RFID天线，如图5-6-3所示。一个货架上的8个RFID天线连接一个多路复用器，多路复用器再与RFID读写器连接，连接类似于以太网集线器，最终RFID 电子标签都会通过读写器传输到控制PC内。

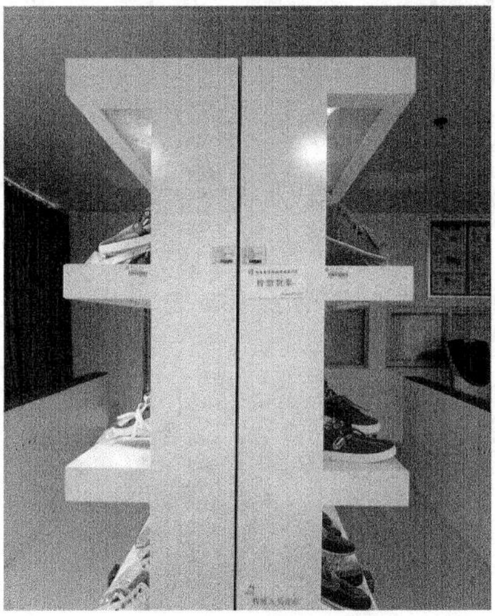

图5-6-1　智慧货架

图5-6-2　货架分区

图5-6-3　安装在货位底板上的读写器天线

3. 设备调试

将RFID电子标签放置于每个货位，PC通过RFID读写器与多路复用器读取商品上的RFID标签信息，软件有通道循环读取的功能，测试时需多次循环，保证每个仓位所读标签数量准确；射频线之间或者是仓位之间会有一些干扰，尤其是天线，对环境的要求很高，一般要安装屏蔽层来保证稳定性。

4.动态盘点

打开智慧商城管理系统，在主界面上选择【货架】，然后点击【动态盘点】，系统将给货架读写器发送读取指令，各货位上预埋的读写器将读取本货位上商品的电子标签，获取本货位上实际上架的商品信息，实现动态盘点。动态盘点操作界面如图5-6-4所示。

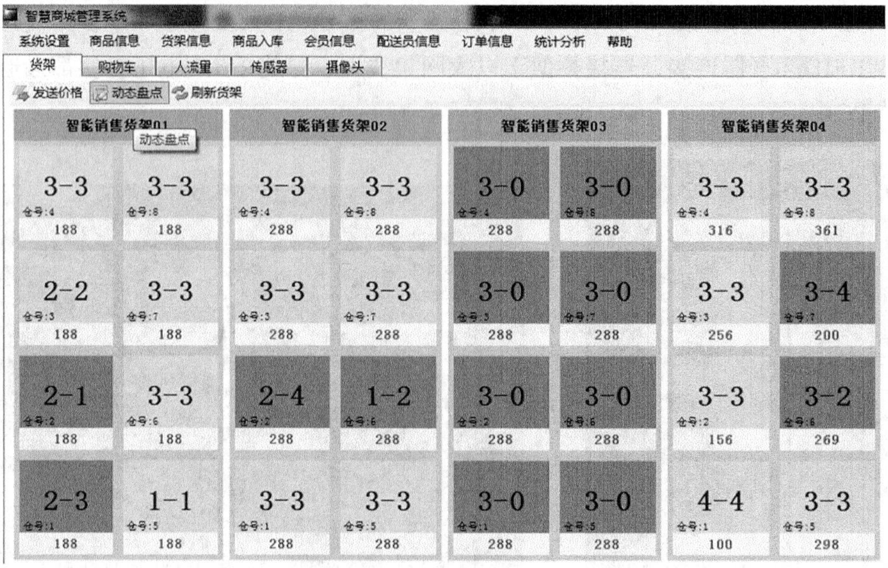

图5-6-4　动态盘点

5.7　智能货架开发实训

5.7.1　实训目的和要求

掌握智能货架模块代码的编写方法。

5.7.2　实训设施与设备

智能货架硬件；Microsoft Visual Studio Community 2015。

5.7.3　实训内容

在实训教师的讲解、演示和指导下完成智能货架模块的界面设计和代码设计。

5.7.4　实训步骤

1. 熟悉开发软件

（1）创建项目

打开Visual Studio Community 2015，如图5-7-1所示。

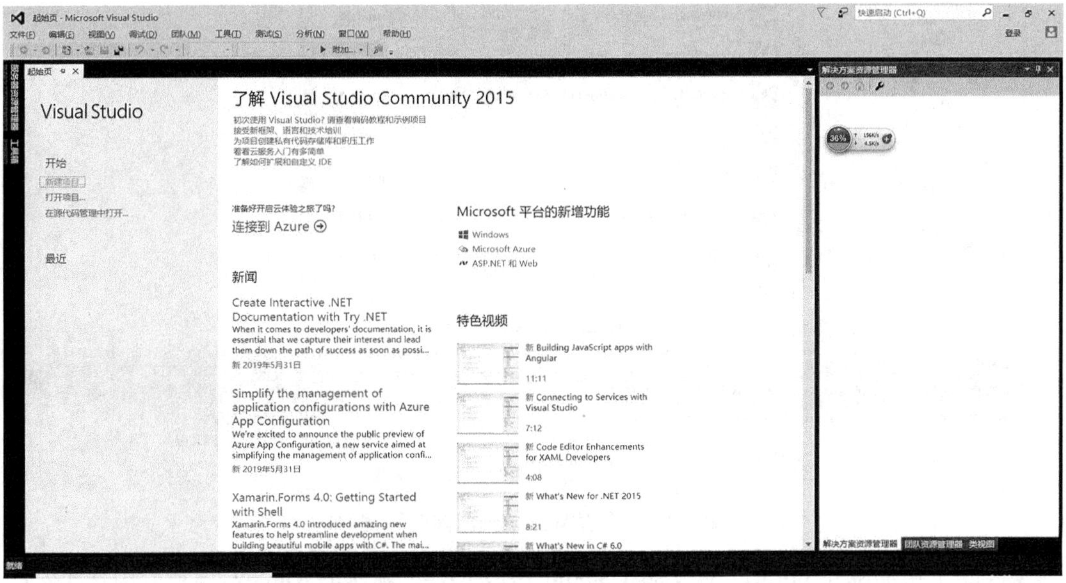

图5-7-1　Visual Studio Community 2015 主界面

如图5-7-2所示，单击【文件】→【新建】→【项目】（快捷键：Ctrl+Shift+N）或者在程序启动的起始页面中直接单击【新建项目】。

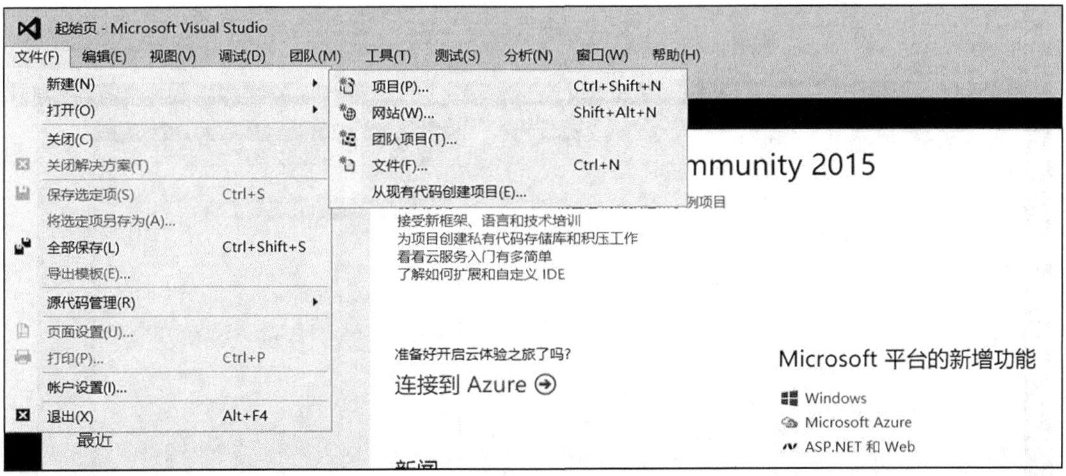

图5-7-2　创建项目

在左边已安装的模板列表中选择“Visual C#”，在中间的列表框中选择“Windows窗体应用程序”，更改下方的解决方案名称和名称（项目名称），单击【浏览】按钮选择存储位置，单击【确定】按钮，如图5-7-3所示，确认项目创建。

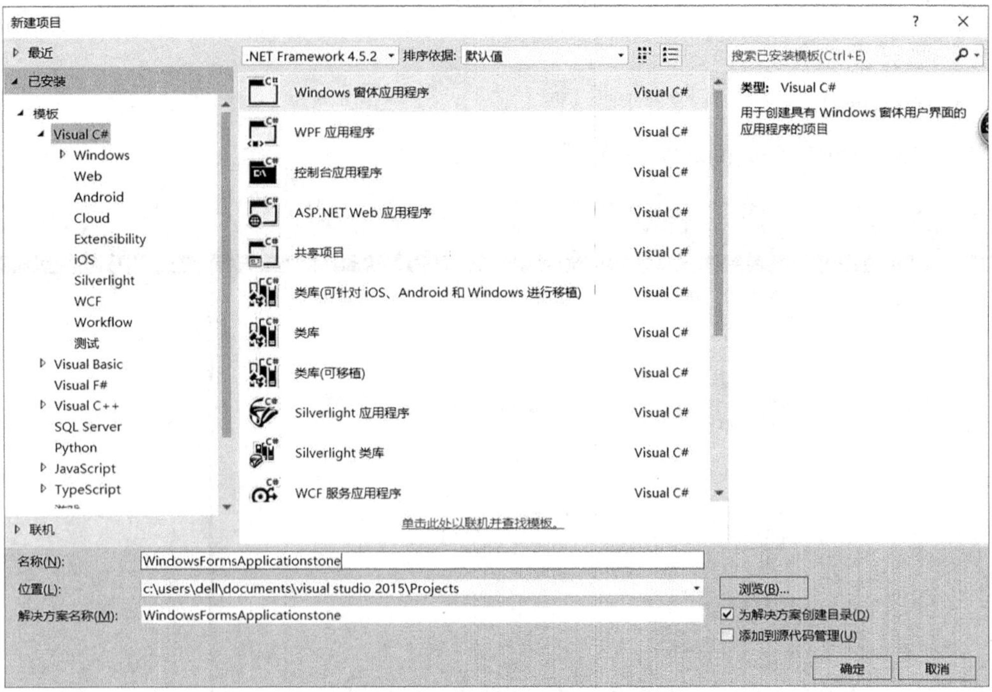

图5-7-3　创建Windows窗体应用程序

如图5-7-4所示，“Form1”是Visual Studio 2015 创建的默认的Windows窗体应用程序模板，此时这已经是一个可以运行的Windows窗体应用程序。打开“解决方案资源管理器”（默认打开），否则通过单击【视图】→【解决方案资源管理器】打开（快捷键：Ctrl+Alt+L）。通过“解决方案资源管理器”可以设置和更改窗体的各种属性。

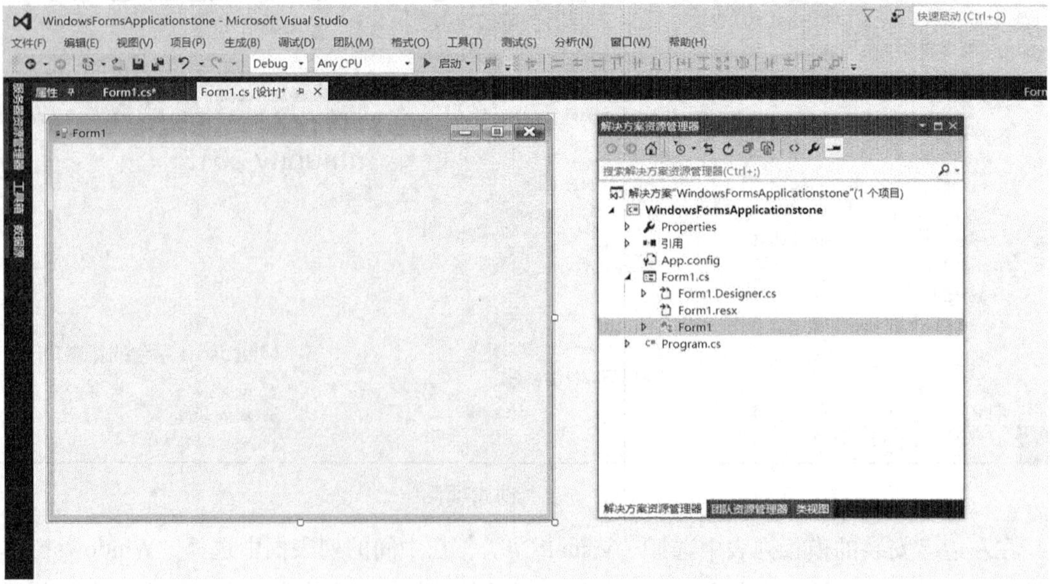

图5-7-4　默认的Windows窗体应用程序

（2）添加控件

如图5-7-5所示，菜单栏中单击【视图】→【工具箱】，打开“工具箱”面板（已打开的可跳过此步骤）。

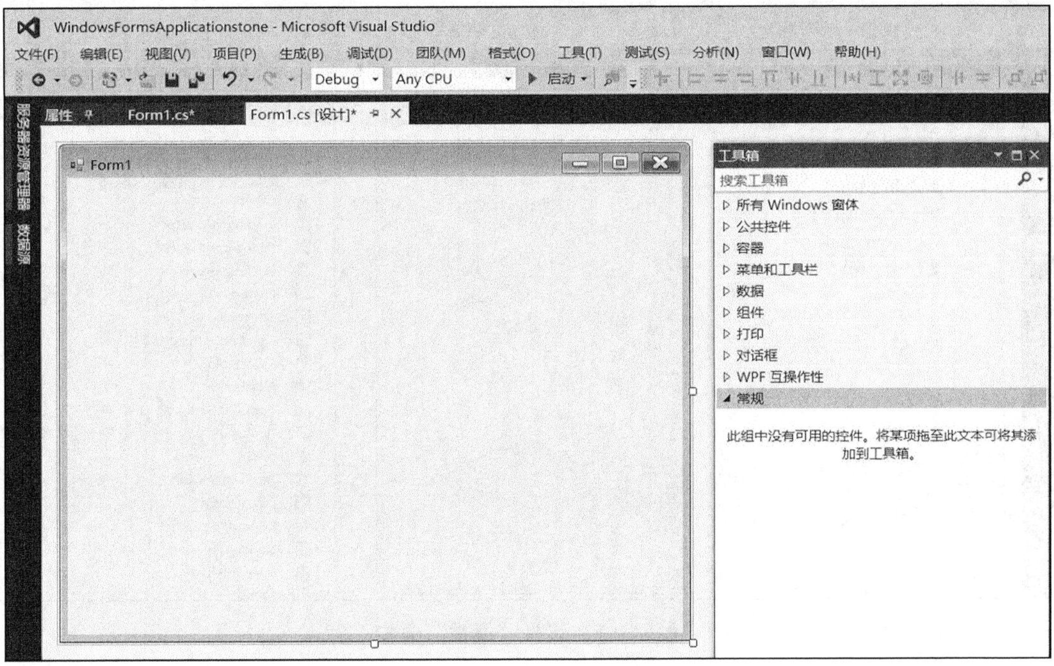

图5-7-5　打开“工具箱”

如图5-7-6所示，打开“工具箱”窗口后，找到Button控件，单击，拖到窗体Form1中，将其摆放到合适位置。

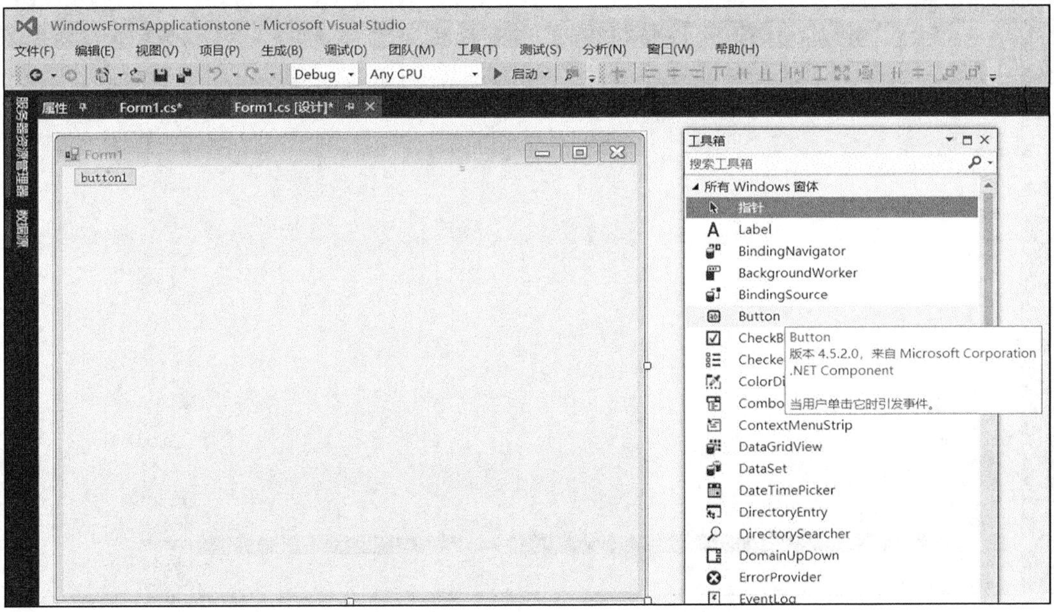

图5-7-6　放置Button控件

右击已经拖放到Form1上的控件“Button1”，然后在弹出的快捷菜单中选择【属性】，如图5-7-7所示，打开控件“Button1”的属性窗口。

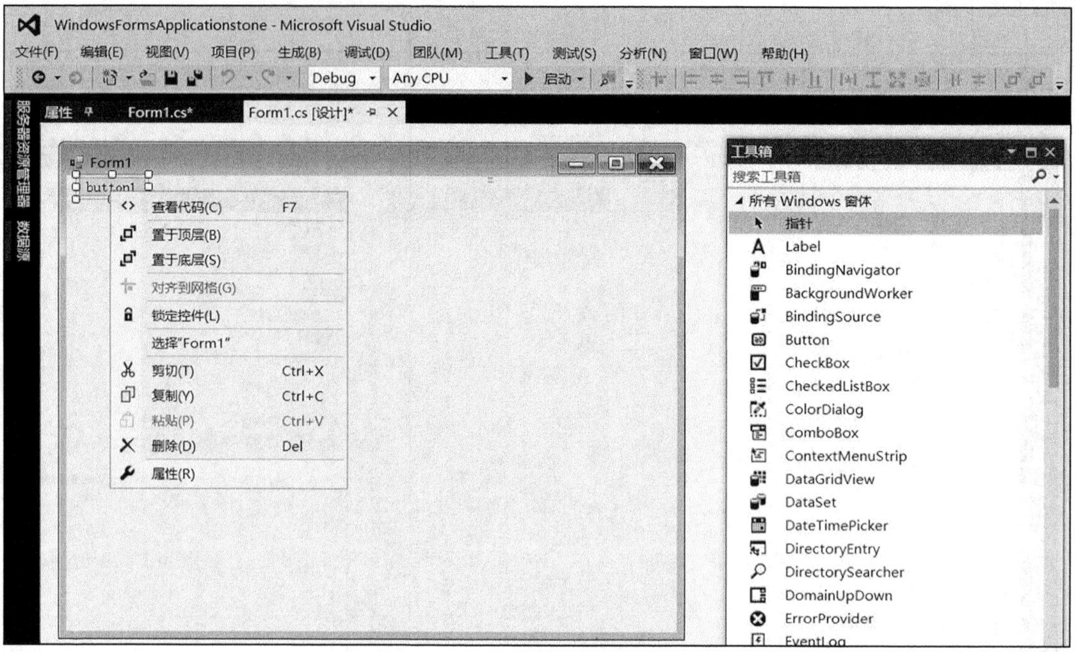

图5-7-7 选择“属性”命令

在打开的控件“Button1”属性窗口中，选择“外观”中【Text】属性项，将其由“Button1”更改成“新增货架”，如图5-7-8所示，修改后关闭属性窗口。

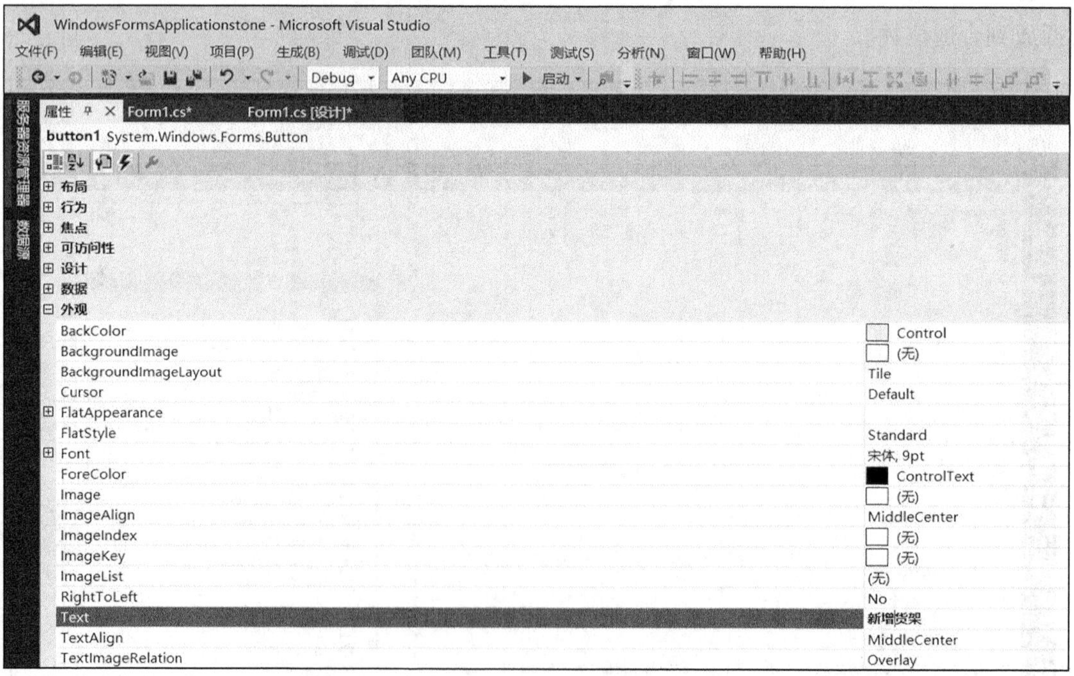

图5-7-8 设置Button控件属性

更改Button控件属性后的Form1窗口如图5-7-9所示。

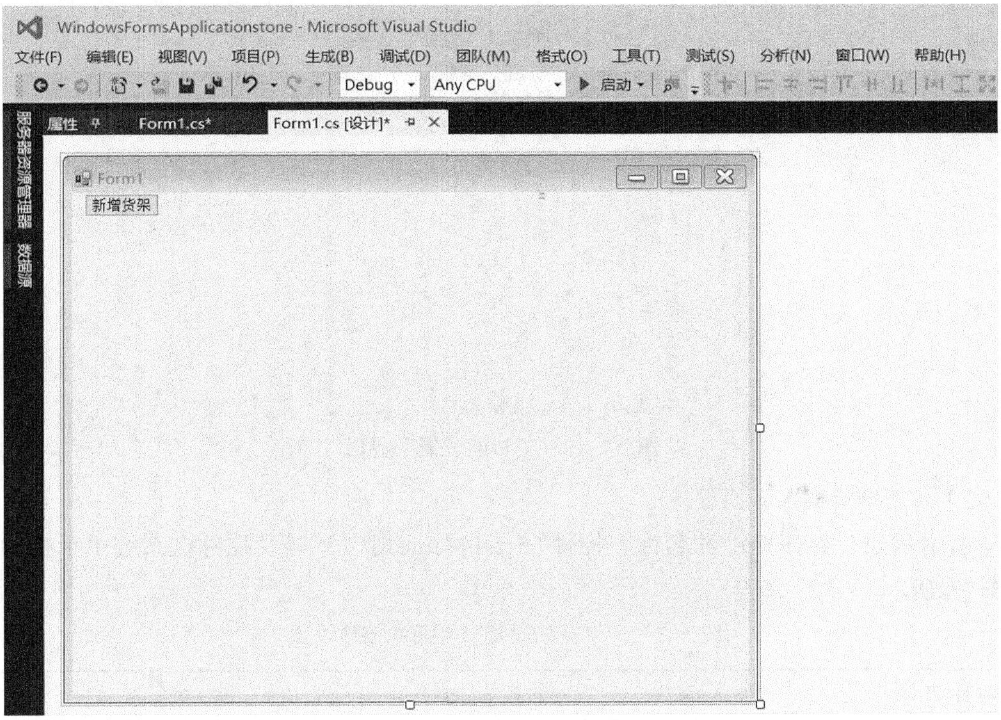

图5-7-9　更改Button控件属性后的Form1窗口

仿照上述操作过程，添加相应的控件并修改其属性，就可以完成货架模块界面的设计。

2. 软件界面设计

本节实训开发的软件系统中，货架是一个虚拟架构，其作用主要体现在界面展示方面，而货仓则是一个实体架构，它对应着实际系统货架上的货位。

（1）“货架设置”界面设计

“货架设置”主界面控件的名称、控件Text和Name属性，以及控件在系统中承担的功能如表5-7-1所示。

表5-7-1　“货架设置”界面的控件设置

控件名称	控件Text属性	控件Name属性	功　　能
Form1窗体	货架设置	frmMain	
ToolStrip控件		toolStrip1	在界面中出现一个工具栏
Button控件	新增货架	tsbtnAddShelf	跳转到“新增货架”界面
Button控件	新增货仓	tsbtnAddCargo	跳转到“新增货仓”界面
Button控件	删除	tsbtnRemove	删除设置后的货架或者货仓
Button控件	编辑	tsbtnShelfChoose	编辑货架或货仓的信息
TreeView控件		tvShelf	显示货架与货仓

“货架设置”界面如图5-7-10所示。

图5-7-10 “货架设置”界面

（2）“新增货架”界面设计

“新增货架”界面控件的名称、控件Text和Name属性，以及控件在系统中承担的功能如表5-7-2所示。

表5-7-2 “新增设置”界面的控件设置

控件名称	控件Text属性	控件Name属性	功能
Form1窗体	新增货架	frmInfoShelf	
GroupBox容器		groupBox1	在界面中显示一个容器
TextBox控件		txtNameShelf	货架的名称
ComboBox控件		cmbTypeShelf	选择货架的类型
ComboBox控件		CmbHF	选择读写器
Button控件	确认	btnShelfOk	
Button控件	取消	btnShelfClose	关闭此窗口

“新增货架”设置界面如图5-7-11所示。

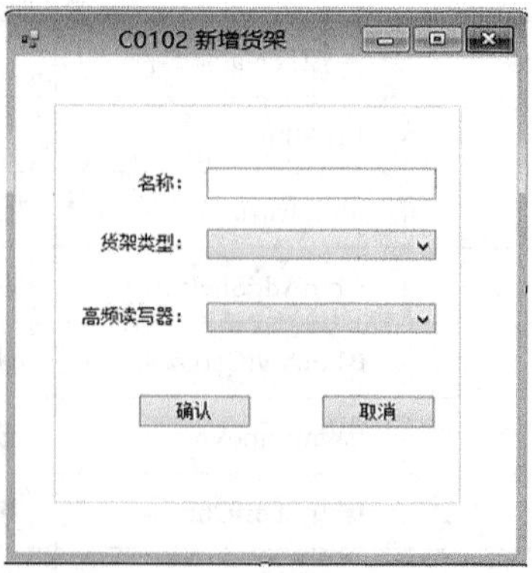

图5-7-11 “新增货架”界面

（3）“新增货仓”界面设计

“新增货仓”界面控件的名称、控件Text和Name属性，以及控件在系统中承担的功能如表5-7-3所示。

表5-7-3　“新增货仓”界面的控件设置

控件名称	控件Text属性	控件Name属性	功　能
Form1窗体	新增货仓	frmInfoCargo	
GroupBox容器		groupBox1	在界面中显示一个容器
TextBox控件		txtShelfName	货架的名称，设置在哪个货架中
TextBox控件		txtCargoName	货仓名称
ComboBox控件		cmbCargoAntenna	选择通道号
ComboBox控件		cmbLEDAddress	选择LED屏的地址
Button控件	确认	btnCargoOk	
Button控件	取消	btnCargoClose	关闭此窗口

“新增货仓”设置界面如图5-7-12所示。

3. 逻辑编码实例

（1）项目配置

①创建项目后，在该项目中添加一个文件夹命名为“Class”，在该项目中添加实训文档目录下的“ISO15693Reader.cs”文件，如图5-7-13所示。

图5-7-12　“新增货仓”界面

图5-7-13　新增项目操作

②在该项目中的Class文件夹中添加“ClassAll.cs”类，在该类命名空间中引用该类即可。

```
using System.ISO15693;
```

③实例化ISO15693Reader类和SerialPort类。因为该项目所涉及两个串口，所以要实例化两个串口资源类。而LED屏是可以利用SerialPort类中的自带串口方法打开串口的。

```
using System.IO.Ports;
public static ISO15693Reader Reader=new ISO15693Reader();
public static SerialPort serialPort=new SerialPort();
```

④在ClassAll类中建立获取串口资源的方法、两个打开串口的方法和两个关闭串口的方法。

A. 多路复用器打开串口方法。

```
public static void OpenPorts(string comName)
{
    Reader.OpenSerialPort(comName, 115200)==0
}
```

B. 多路复用器关闭串口方法。

```
    public static void ClosePorts(string comName)
  {
        Reader.CloseSerialPort()==0
  }
```

C. LED屏打开串口方法。

```
public static void LEDOpenPorts(string comName)
{
       serialPort.PortName=comName;
       serialPort.Open();
}
```

D. LED屏关闭串口方法。

```
public static void LEDClosePorts()
{
    serialPort.Close();
}
```

E. 获取计算机当前串口。

```
public static string[] GetPorts()
{
    String[] Comlist=SerialPort.GetPortNames();
    return Comlist;
}
```

F. 多路复用器串口打开的位置。该串口打开的位置在Program.cs类中打开。

```
try
   {
          Class.ClassAll.OpenPorts(Class.ClassAll.GetPorts()[0]);
   }
  catch
   {
          Class.ClassAll.OpenPorts(Class.ClassAll.GetPorts()[1]);
   }
```

（2）货架配置

①在Class文件下创建货仓类名为Shelf的ClassObject类。Shelf类主要是写面向对象的方法，

可以根据需要的字段来封装成属性。

```
string _Name;
public string Name
{
get
    {
          return _Name;
    }
    set
    {
          _Name=value;
    }
}
```

②ClassObject类主要写静态的货架类泛型对象。

```
public static List<Class.Shelf> listShelf=new List<Class.Shelf>();
```

③货架功能实现。

A. 创建一个Shelf类的对象，名为shelf;

```
Class.Shelf shelf;
```

B. 当点击“确认”按钮时调用 GetControl();方法GetCoontrol()方法中的主要内容是将货架界面控件上的值放到对象Shelf类对应属性中。

```
this.DialogResult=System.Windows.Forms.DialogResult.OK;
private void GetControl()
{
     this.shelf.Name=this.txtNameShelf.Text.Trim();
     this.shelf.Type=this.cmbTypeShelf.Text.Trim();
     this.shelf.HF=this.cmbHF.Text.Trim();
}
```

C. SetControl()方法，就是将Shelf类中的属性传递到对应的控件中（在这里暂时还未用到，将会到后面的主界面中会调用该构造函数）。

```
public frmInfoShelf(Class.Shelf shelf)
{
     InitializeComponent();
     this.shelf=shelf;
     SetControl();
}
```

（3）货仓配置

①在Class类文件下创建一个Cargo类，具体书写方法类似Shelf类中的格式，主要目的是将值放在这个类中的属性上。

②在ClassObject类中写静态的货仓类泛型对象。

```
public static List<Class.Cargo> listCargo=new List<Class.Cargo>();
```

③货仓功能实现。

A. 创建一个Shelf类的对象，名为shelf，因为货仓要在对应的货架中，所以建这个对象主要目的是为了获取该类的Name属性。

```
Class.Shelf shelf;
```

B. 创建一个Cargo类的对象，名为cargo，主要目的是调用该类的属性值。

```
Class.Cargo cargo;
```

C. 在该窗体加载时调用LED屏打开串口方法，来打开LED屏的串口。

```
try
{
     Class.ClassAll.LEDOpenPorts(Class.ClassAll.GetPorts()[1]);
}
catch
{
     Class.ClassAll.LEDOpenPorts(Class.ClassAll.GetPorts()[0]);
}
```

D. 当点击“确认”按钮，调用GetCoontrol()方法中的主要内容是将货架界面控件上的值放到对象Cargo类对应属性中。

```
this.DialogResult=System.Windows.Forms.DialogResult.OK;
```

利用ISO15693Reader类中的方法来设置多路复用器的通道号。

```
Class.ClassAll.Reader.SetAntannaAndLedLight(AntannaIndex, false);
```

同时也设置LED屏的数字显示：

```
Class.ClassAll.serialPort.Write(“$” +cmbLEDAddress.Text.Trim()+ “,” + “1111” + “#”);
```

E. SetControl()方法，就是将Cargo类中的属性传递到对应的控件中（在这里暂时还未用到，将会到后面的主界面中会调用该构造函数）。

```
public frmInfoCargo(Class.Shelf shelf,Class.Cargo cargo)
{
    InitializeComponent();
    this.shelf=shelf;
    this.cargo=cargo;
    SetControl();
}
```

（4）主界面配置

①新增货架。

A. 实例化Shelf类，创建一个shelf对象。

```
Class.Shelf shelf=new Class.Shelf();
```

B. 将这个对象的值传递到货架设置界面的构造函数中。

```
frmInfoShelf form=new frmInfoShelf(shelf);
```

C. 判断新增货架界面返回的值是否为OK，是的话将获取到的值添加到货架泛型中，并将信息调用到TreeView控件中。

```
if (form.ShowDialog()==System.Windows.Forms.DialogResult.OK)
{
  ClassObject.listShelf.Add(shelf);
  TreeNode node=new TreeNode();
  node.Text=shelf.Name;
  node.Tag=shelf;
  this.tvShelf.Nodes.Add(node);
 }
```

②新增货仓。

A. 判断TreView控件中的货架节点是否为空，不为空的话将Shelf类中的属性值传递到一个对象中。

```
Class.Shelf shelf=this.tvShelf.SelectedNode.Tag as Class.Shelf;
```

B. 实例化货仓类对象，并将货架类的对象和货仓类的对象传递到新增货仓中的界面中。

```
Class.Cargo cargo=new Class.Cargo();
frmInfoCargo form=new frmInfoCargo(shelf, cargo);
```

C. 判断新增货架界面返回的值是否为OK，是的话将获取到的值添加到货仓泛型中，并将信息调用到TreeView控件中的货架节点下。

```
if (form.ShowDialog()==System.Windows.Forms.DialogResult.OK)
{
  ClassObject.listCargo.Add(cargo);
  TreeNode node=new TreeNode();
  node.Text=cargo.Name;
  node.Tag=cargo;
  this.tvShelf.SelectedNode.Nodes.Add(node);
}
```

③编辑。

A. 如果选中的是货架节点，则跳转到新增货架界面中去进行编辑

B. 如果选中的是货仓节点，则跳转到新增货仓界面中去进行编辑。

④删除。

A. 如果选中的是货架节点，则跳转到新增货架界面中去进行编辑，并在货架泛型的内存中移除该信息。

B. 如果选中的是货仓节点，则跳转到新增货仓界面中去进行编辑，并在货仓泛型的内存中移除该信息。

参 考 文 献

[1] 黄福华，周敏. 企业物流管理[M]. 北京：高等教育出版社，2016.

[2] 燕鹏飞. 智能物流[M]. 北京：人民邮电出版社，2017.

[3] 陈明. 物联网概论[M]. 北京：中国铁道出版社，2015.

[4] 蒋新华，邹复民，朱铨，等. 交通运输行业物联网与云计算技术[M]. 北京：中国铁道出版社，2015.

[5] 黄静，戴燕云，王友钊. 物联网技术实验教程[M]. 北京：清华大学出版社，2017.

[6] 李俊韬，陈志新，朱杰，等. 智能物流系统实训[M]. 北京：中国财富出版社，2015.

[7] 石彪，黄福华，邓胜前. 以应用为核心的物联网实验室建设探讨：以湖南商学院为例[J].物流工程与管理,2014,36(07).

[8] 周敏，黄福华，刘长石. 未来课堂环境下物流管理专业的探究式教学模式研究[J].物流工程与管理,2017,39(09).

[9] 王松，黄福华，周敏. 以双创为中心的物流教学体系改革思路与对策[J]. 物流工程与管理，2017,39(08).

[10] 高连周. 大数据时代基于物联网和云计算的智能物流发展模式研究[J]. 物流技术,2014,33(11)

[11] 庞根明. 智能物流中物联网技术的应用探析[J]. 计算机产品与流通,2017(07).

[12] 滕华，刘敏. 基于物联网的智能物流仓储系统研究[J]. 数字技术与应用,2017(06)

[13] 姜晟，王卫星，陆健强. 基于物联网的自选型智能物流实践教学体系构建[J]. 中国现代教育装备,2014(09)